KB159538

어떤 어른

그 사람, 성찰하는 꼰대

어떤
어른

윤춘호 지음

개마고원

어른 없는 시대의 '꼰대 어른'

1.

뜬금없이 웬 어른 타령…? 아마도 이 책을 집어든 독자의 첫 반응 아닐까 싶다. 안 그래도, 이 책에 등장하는 인물들 가운데 자신이 '어른'이란 카테고리 안에 묶이는 것을 뜨악하게 여기는 이도 있었다. '어른'이라 쓰면 '꼰대'라고 읽히는 시절 아닌가. 여기 50대 이상의 장년층이라는 점과 나이가 나이인만큼 크든 작든 자기의 세계를 구축한 사람들, 소신과 철학이라는 이름으로 좀처럼 자기 고집을 꺾지 않는 사람들이자 자기 경험 이상으로 소중한 것은 없다고 믿는 사람들이 있다. 게다가 할 말마저 많은 사람들이다. 그래서 이 책엔 이들의 독백이 가득하고 자기 자랑이 넘쳐나며 '라때~' 스토리도 한 보따리다. 꼼짝없이 '꼰대'라는 그물에 붙들릴 수밖에 없겠다.

이들 가운데는 이름만 들어도 얼굴이 떠오르는 사람도 있겠지만 이름을 듣고 사진을 보아도 누구인지 알 수 없는 사람들도 있을 것이다. 이 책에 실린 열세 명을 하나의 그릇에 담기는 어렵다. 성별은 말할 것도 없고 이들의 활동 분야 역시 작가, 평론가, 연예인, 시민운동가, 종교인, 늦깎이 노동운동가, 학자, 의료인, 기업인 등으로 다양하다. 굴곡이 많은 인생을 살아온 사람들이고 주로 공적 영역에서 활동해온 사람들이다. 동시에 다른 이들에게 모범이 되고, 우리 공동체에 기여한 것이 적지 않으며, 시련 속에서도 자신의 소신을 지켜온 사람들이다. 살아온 시간이 길고 자신이 성취한 게 적지 않고 소신이 뚜렷하고 무엇보다 할 말이 많은 사람을 우리는 또 '어른'이라고 부른다.

그런 면에서 보면 이 책은 어른들의 이야기인 동시에 꼰대들의 이야기다. 때론 어른으로, 때론 꼰대로 둘 사이를 오가는 삶이 아마도 이들의 진정한 모습일 것이다. 열세 번의 만남을 통해 어른과 꼰대 사이를 가르는 기준은 '성찰' 두 글자에 있을 듯하다는 인상을 받았다. 이 책을 통해 독자들과 그 성찰의 아름다움을 함께 공감하고 싶다. 경험, 책임, 무게, 배려 같은 느낌을 주는 어른 본래의 모습을 만난 순간도 함께 나누고 싶다.

2.

독한 글이 살아남는 시대다. '이 사람은 사악한 사람이다. 얼굴이 그렇게 말하고 있었다' 같은 문장으로 시작하는, 단박에 심장을 찌르는 글은 그러나 이 책에 없다. 그래서 이 글이 오래 살아남을 수 있을지 자신이 없다. 여기에 나오는 꼰대들은 '선의와 존경'으로 대할 만한 사람들이기 때문이다. 애초부터 위인전을 쓸 생각이 아니었음은 물론이다. 말하는 사람이 부르는 대로 받아 적은 글이 아니라는 뜻이다. 오히려 말하는 것을 의심했고, 말하는 것을 뒤집어 해석하려 했다. 말하는 사람에 못지않게 듣는 사람의 시각과 목소리가 담긴 글을 쓰고자 했다.

가끔 어떤 사람을 그렇게 길게 다룰 가치가 있느냐는 질문을 듣는다. 그럴 때마다 필자의 대답은 분명하다. "물론입니다. 그 사람만이 아니고 그 누구라도 충분히 주목받을 가치가 있습니다"라는 것이다. 사람은 성별과 노소, 성공과 실패를 떠나 누구라도 하고 싶은 이야기, 해야 될 이야기가 있다. 누군가 묻지 않고 들어주지 않기 때문에 말할 기회가 없었을 뿐이다. 더구나 살아온 시간이 긴 사람이라면 말할 나위가 없다. 살아온 세월만큼 할 이야기도 많았다.

만나기가 어려웠지 이야기를 끌어내는 것은 그리 어렵지 않았다. 마치 기다리기라도 했다는 듯 이야기 보따리를 풀어놨다. 질문을 피하는 사람도 없었고 객관적인 사실에 반하는 거짓을 말하는 사람들도 없었다. 자신의 성공을 과시하려는 사람들도 없지는 않았으나 그런 사람은 적었다. 자신을 꽁꽁 싸매고 숨길 것이라고 생각했지만 의외로 사람들은 자신의 모습을 정면으로 봐주기를 원했다. 훔쳐보면서 키득거리고 쑥덕거리는 것에 대해서는 불쾌하게 생각하지만 눈 깜박거리지 않고 자신의 눈을 바라보며 질문할 때는 그 누구도 거부감이나 적대감을 드러내지 않았다.

자신을 보여주려는 욕구는 맹렬했다. 성공을 거머쥔 사람들은 말할 것도 없고 스스로 내세울 것이 없다고 말하는 사람들조차도 자신이 수치와 부끄러움을 포함해 자신의 모든 것을 털어놓으려 했다. 사람들에게는 인정받으려는 욕구에 못지않게 평가받고 싶어 하는 욕구도 있다는 것을 알 수 있었다. 평가하는 사람이 선의와 존중으로 대하기만 하면 자신의 어두운 구석까지도 털어놓을 준비가 되어 있는 것이다. 그래서 만남의 시간은 늘 예상보다 길었다. 짧아도 3시간, 긴 경우는 8시간을 만나기도 했다. 대개 3시간 정도 만나 이야기를 하다 보면 듣는 사람도 지치는데 말하는 사람이 지쳐서 말을 못하는 경우는 거의 없었다.

3.

묻고 답하기에 그친다면 이 글이 다른 여타의 수많은 인터뷰와 다를 바가 없을 것이다. 취재원의 말은 전체 맥락 속에서 꼭 필요한 경우에만 인용하려고 했다. 대면 인터뷰가 이 글을 쓰는 주요 소재가 된 것은 사실이지만 인터뷰에만 의존하지는 않았다. 인터뷰이가 쓴 책과 기록, 각종 동영상, 지인들에 대한 취재를 통해 인터뷰 내용을 보완하고 검증했다. 송해, 김훈 같은 경우는 인터뷰가 성사되지 않아 공개된 자료와 지인들에 대한 취재를 바탕으로 글을 썼다. 자료가 없어 글을 쓰기 어려운 경우는 없었다. 찾자고 마음만 먹으면 어떤 자료든 찾을 수 있는 시대라는 것을 다시 한 번 알게 되었다.

그 사람의 입 못지않게 때로는 표정이나 발걸음, 손동작 같은 것에 더 주목하려고 했다. 입은 거짓을 짓기에 가장 용이한 수단이기 때문이다. 보여주려는 사람이 보여주는 것을 하나하나 받아 적기만 하면 되는 일이라고 생각할 수 있지만 인터뷰는 늘 해체와 재구성의 과정을 거쳤다. 재료만 남고 형태는 전혀 다른 모습이 될 때도 있었다.

글의 대상이 되는 사람들이 이 글 안에서 차별 없이 다루어졌다는 점에 자부심을 느낀다. 유명 작가나 돈이 많은 사람이나 가난한 노동자의 어머니나 이 글 앞에서 예외 없이 평등하다. 이 글 앞에서 누구도 특별하지 않고 이 글 안에서 누구나 평등하고 차별 받지 않는다는 원칙을 지키려 애썼다. 사회적 지위, 나이, 성별에 따라 대우를 달리 하지 않았다. 초기에 쓴 두 세 편의 글을 제외하면 나머지 글들은 원고지 65매를 기준으로 썼다. 누구나 이 글 안에서는 평등하다는 것을 원고 분량을 통해 상징적으로 보여주고 싶었다.

4.

지난해부터 SBS 온라인 사이트에 「그 사람」이란 제목으로 인물 탐구 기사를 연재 중이다. 그 가운데 몇 편을 가려 뽑고 다듬어 묶는 만큼 이 책은 SBS 동료들과의 합작품이기도 하다. 양만희 논설위원은 인터뷰이 선정과 자료 조사는 물론 김미숙, 윤정숙, 김판수, 강헌, 현택환 인터뷰도 같이 했다. 좋은 동료와 같이 일하는 기쁨을 새삼 느끼고 있다. 새로운 영역에 대한 도전을 권유해온 정명원 부장, 인터뷰 장면을 화면으로 담아준 조춘동 부장, 김남성 씨에게도 고마움을 전한다. 내 글의 편집자로서 글의 전체적인 방향에서부터 사소한 오탈자까지 꼼꼼하게 챙겨준 이강 차장, 이 책에 실린 사진의 상당 부분을 챙겨준 장현기 씨, 녹취를 담당해준 강은비 씨에게도 고마움을 전한다.

늦은 밤 글을 쓰고 있으면 사랑이가 사박사박 걸어와 이 시간까지 뭐하고 있느냐는 눈빛으로 쳐다보곤 했다. 이 글 쓰는 동안 있었던 행복한 일 가운데 하나다. 여기에 적어 두어 오래 기억하고자 한다.

이 책을 준비하던 지난 7월 이홍훈 전 대법관이 타계했다. 필자에게 어른의 본보기를 알려주신 분이다. 유명을 달리하는 바람에 이 책에 그분 이야기를 싣지 못하게 됐다. 다시 한번 고인의 명복을 빌면서 우주의 꽃 한송이가 되신 그분에게 이 책을 바친다.

2021년 10월

저자 씀

차례 ———————————————————————

최백호 | 가수

내 인생의 클라이맥스는
아직 오지 않았다

아흔에는 아흔의 호흡으로
노래하면 된다

이 사람만이 부를 수 있는 노래가 있고 이 사람만이 전달할 수 있는 정서가 있다. '국보'라는 한 동료 가수의 평은 다소 과할지 모르지만 득음의 경지에 오른 사람이다. 노래를 잘하고 못하고를 떠나서 가슴속에 뭔가가 들어 있지 않고는 이런 노래가 나올 수 없다는 한 네티즌의 촌평이야말로 정곡을 찌르는 말이다. 세 시간이 넘는 이 사람과의 인터뷰는 이 사람 가슴속에 있는 그 '뭔가'의 정체를 찾는 과정이었다.

　나이 드는 것이 쇠퇴가 아니라는 것, 나이 드는 일이 완성을 향해 가는 과정일 수 있다는 것을 보여주는 사람, 명인이 되는 데 반드시 시간의 힘이 필요하다는 것을 확인시켜 주는 사람, 가수 최백호 이야기이다. 이 사람은 예전보다 지금 노래를 더 잘한다. 훨씬 더 잘 부른다! 고음이 더 올라가고 중저음은 더 풍부해졌다. 나이 들면 목소리도 늙는다는데 이 사람은 오히려 나이 들어 목소리가 더 청청하다.

"예전에는 디마이너(Dm)로 부르던 노래를 이제는 한 키 반을 높여서 부릅니다 젊었을 때 고음이 잘 올라간 사람은 나이가 들면 점점 퇴보하는데 저는 예전에 고음을 그렇게 안 썼기 때문에 서서히 올라가는 단계예요. 언젠가는 퇴보하겠죠. 그런데 지금은 올라가는 단계입니다.”

장이 탈이 나 며칠 새 체중이 많이 빠졌다고 했다. 인터뷰하던 날 코로나 2차 접종을 했다. 컨디션이 그리 좋아 보이지 않았다. 키 170cm에 체중은 60kg 남짓인데 생각보다 작게 느껴졌다. 목소리를 아껴가며 말하는 듯했고, 손동작이 크지 않았고, 무엇보다 몸의 움직임이 조심스러웠다. 처음 본 사람을 탐색하는 듯한 눈빛이 깊고 맑았다.

1950년생. 우리 나이로 일흔두 살, 이 사람에게 덕담이랍시고 ‘여전히 현역이시네요’라고 말하는 것은 실례도 큰 실례다. 가수 인생 45년 중에서 지금이 최고 전성기이다.

가수로서 쉼 없이 곡을 만들고 무대에 서는 것은 말할 것도 없고, 최근에는 예능 프로그램에서도 종종 이 사람을 볼 수 있다. 유튜버로서 활동 폭을 넓혀가고 있고 13년째 라디오 심야 프로그램을 진행 중이다. 김호중을 비롯한 후배 가수들이 이 사람을 롤모델로 삼고, 함께 작업을 하고 싶은 선배 가수 가운데 첫손가락으로 꼽는다. 원로 연예인들을 꾸준히 돕고 후배 가수들과 협업 작업도 쉬지 않는다. 지난해 그만두기는 했지만 서울음악창작소를 맡아 운영하며 행정가·관리자로서 면모를 보이기도 했다. 지금이야말로 이 사람의 ‘화양연화’ 시절이다.

매일 두 시간 정도 집에서 노래 연습을 한다. 이 사람 목청으로 노래 연습을 하면 이웃 사람들에게 폐가 되겠구나 싶었는데 작은 목소리로 한다고 했다. 그렇게 해서 연습이 될까 싶은데 된단다.

연습이라기보다는 그냥 노래를 하시는 거네요?

"물론 남의 노래를 부를 때 익히기 위해서 연습할 때도 있지만, 제 노래는 연습이라기보다 제가 제 노래를 좋아하니까 즐기는 기분으로 합니다."

득음의 경지에 이르게 된 것이 목에서 피가 나도록 연습한 결과는 아니다. 득음의 순간 같은 것은 없었다. 어느 날 그저 소리를 크게 지르는 게 능사는 아니라고 생각했을 뿐이다. 제대로 음악 공부를 한 적이 없다. 엄청나게 노래 연습을 하지도 않는다. 문학 공부를 한 것도 아니다. 그런데 시 같은 가사를 쓰고, 장르를 넘나들며 곡을 만들고, 그렇게 만든 노래를 남들은 흉내 내기도 어렵게 절창으로 뽑아낸다. 학습이나 노력의 대가는 아니다. 달리 말하면 타고난 재능이다. 사자후를 토해내며 부산 영도에서 유권자들을 사로잡았던 아버지의 목청을 물려받았고, 문학을 좋아하고 시를 쓰던 어머니에게 가사를 쓰는 재주를 물려받은 것 같다고 했다.

"조금 건방진 이야기지만 목소리는 타고나는 거 같습니다. 발음이나 호흡을 통해 조금 나아질 수는 있지만 에이(A)급 가수들은 목소리를 타고난 겁니다. 제가 보기에 그건 연습으로 안 됩니다."

최백호가 아니면 감당할 수 없는 노래가 분명히 있는 거 같습니다.
"저는 송창식 씨나 조용필 씨를 참 좋아하는데 그분들에게는 어린 시절부터 자신의 내면에 쌓아왔던 많은 이야기들이 노래로 섞여 나온다고 생각합니다. 노래 자체가 그 사람 인생이기 때문에 그걸 흉내 내기는 어렵지 않나 싶습니다. 저한테도 그런 면이 조금 있지 않나 싶습니다. 정상적인 가정에서 자라지 못한 사람에게서 그런 게 나와요…. 그런 '끼'라는 게 그냥 부모님에게서 받은 게 아니라 뭔가 자라면서 형성된 거라는 생각이 들 때가 있거든요."

그럼 선생님에게도 상실, 좌절, 패배 이런 것들이 있습니까?
"저도 어릴 때 아버님이 일찍 돌아가셨고 어머님이 시골 국민학교 선생님이셨는데 전근을 다니시고, 저도 따라서 옮겨 다니고…. 저희 집안에 특이한 분위기의 흐름이 있었어요. 그걸 겪으면서 자라왔기 때문에 제 노래 속에도 자라온 환경이 배어 있다고 생각합니다. 그래서 제 노래를 다른 사람이 똑같이 부르긴 힘들지 않을까 생각합니다."

——— 어려웠던 시절의 우수와 애상

아버지 최원봉은 1950년 치러진 2대 총선에서 스물여덟 살 나이에 부산 영도에서 무소속으로 국회의원에 당선되었다. 당시 이승만 정권에 비판적인 청년 정치인이었다. 이 사람이 태어난 지 불과 다섯 달 만에 아버지는 불의의 교통사고로 세상을 떠났다. 아버지의 죽음은 의문투성이였다. 아버지는 권력에 날을 세우던 청년 정치인이었고, 그 시절은 암살과 테러가 빈번하던 때였다. 어머니에게 아버지의 이야기를 숱하게 들었다. 아버지는 죽어서도 아들에게 오래도록 나침반이자 기둥 같은 존재였다. 아버지의 눈으로 세상을 보고, 아버지의 이름에 부끄럽지 않게 살려고 애썼다. 사실 아버지를 빼면 이 사람에게 자랑할 것이 없기도 했다. 돌도 되기 전에 죽은 아버지가 기억에 남아 있을 리 없는데, 이 사람에게 아버지의 이미지는 살아 있는 것처럼 선명하다.

"아버님이 키가 크고 장대하셨습니다. 아버님이 제게는 굉장히 큰 존재로 각인되어 있어서 '이 분은 돌아가시지 않았다. 드라마나 소설처럼 숨어서 나를 지켜보고 계시고 언젠가는 나타나실 거다'라는 생각을 오래도록 했습니다."

어머니는 남편 잡아먹은 녀이라는 말을 들었고, 이 사람은 아비 잡아먹은 자식이라는 말을 들었다. 부자였던 할아버지, 친가 식구들과 사실상 절연하고 지낸 것은 그 때문이었다. 철들기 전부터 이 사람이 보고 듣고 겪었을, 사람과 사람 사이의 갈등에 대해 말을 아꼈지만 이 사람에게 끼친 영향은 적지 않을 것이다. 20대에 청상이 된 어머니와 두 명의 누나, 그리고 이 사람에게 고난과 시련의 시절이었다. 무엇보다 가난했다. 초등학교 교사였던 어머니 봉급으로 삼 남매 키우는 게 무척 힘들었던 모양이다.

"어릴 때 가난해도 너무 가난했습니다. 어머님이 항상 돈을 빌리러 다니시던 기억이 있고 (옷을 살 형편이 안 돼) 재봉틀을 빌려 저희들 옷을 만들어 주셨습니다. (…) 돌아가시기 전에는 교사를 그만두시고 장사를 할까 하셨는데 어머니는 장사와는 거리가 먼 분이셨습니다."

중학교, 고등학교 입시에 거푸 떨어졌다. 미대 지망생이었지만 재수 중에 어머니가 타계하는 바람에 대학 문턱을 넘지 못했다. 대학 대신 군대를 갔지만 그마저도 결핵에 걸려 1년 만에 조기 제대했다. 군에서 나온 이후 갈 곳이 없었다. 건강은 좋지 않았고, 할 줄 아는 것이 없었고, 가진 것도 당연히 없었다. 이 친구 저 친구 집을 떠돌다 우연히 노래를 부르기 시작했다. 학창시절 기타를 가지고 놀긴 했지만 자신이 가수가 될 거라고는 꿈에도 생각하지 못했던 사람이다.

20대의 나이에 남편을 잃고 삼 남매를 키우느라 고생만 했던 어머니는 마흔여덟의 나이, 가을이 깊어가던 때 하늘나라로 떠났다.

그 어머니를 그리며 쓴 사모곡이 〈내 마음 갈 곳을 잃어〉라는 노래다. 어머니의 마지막 선물이었던 이 노래로 대중들에게 이름이 알려질 때까지 20대의 6~7년에 걸친 무명시절에 대해 이 사람은 짧게 '어려웠던 시절'이라고만 이야기했다. 〈내 마음 갈 곳을 잃어〉에서 느껴지는 짙은 우수와 애상, 고독의 정서가 그 시절 삶을 짐작케 해준다.

——— 내 이야기하기 위해 노래 부른다

〈내 마음 갈 곳을 잃어〉라는 노래로 가요계에 혜성처럼 등장한 것이 1976년 말이니 벌써 45년 전 이야기다. 그 뒤에 〈입영전야〉〈뛰어〉〈영일만 친구〉 같은 노래 등을 내놓긴 했지만 한결같이 스타의 길을 가던 사람은 아니었다. 잊혀진 가수는 아니었지만 그렇다고 활동이 활발했던 것도 아니다. 지금처럼 가창력이 뛰어난 가수로 꼽혔던 것도 아니었다. 암울한 시대에 대한 반감이 강했지만 저항가요를 만들고 부르던 사람도 아니었다.

1995년 만든 〈낭만에 대하여〉가 뒤늦게 알려지기 전까지 15년 동안 그는 긴 슬럼프에서 벗어나지 못했다. 개인적으로 아픈 경험을 겪었고 야심차게 만든 앨범들은 대중들에게 외면 받았다. 서울로, 부산으로, 미국으로 떠돌던 시절이었다. 알아주는 사람이 많지 않았고, 찾는 사람은 더 없었고 오라는 곳도, 갈 곳도 별로 없었다. 생계를 위해 밤무대에 서야 했고 그 일이 지긋지긋했다. 가수라는

일 자체를 그만두려고 했지만 그마저도 여의치 않았다. 그 시절을 꼼꼼하게 회고하지는 않았다. 그렇다고 대범하게 한 호흡으로 그 시절을 건너뛰는 것도 아니다. 80년대와 90년대 중반까지의 시간은 잊을 수는 없고 돌아보자니 고통스런 시절인 모양이다.

1996년 앨범을 낸 지 1년 반이 되도록 별 반응이 없던 〈낭만에 대하여〉는 방송작가 김수현이 드라마에 사용하면서 대박이 났다. 이 곡이 이 사람의 인생을 바꿔놓았다.

"김수현 작가 때문에 그 노래가 알려졌죠. 그때 잠깐 뵙고 고맙다고 인사를 드린 적 있어요. '아 그래, 그 노래 직접 만들었어요?'라고만 하시더라고요. 강부자 선생님이 연결해주셔서 한 달 전쯤 두 분 모시고 식사를 했습니다. 식사를 모신 것은 처음입니다. 정말 제게는 큰 은인이시다, 고맙다고 인사를 드렸습니다."

설거지를 하는 아내의 뒷모습을 보면서 첫사랑 그 소녀도 어디선가 저렇게 나이 들어가고 있겠거니 생각했다. 그 노래로 '낭만'이라는 단어는 이 사람 차지가 되었다. 오래도록 자신을 괴롭혔던 경제적 어려움을 떨쳐낼 수 있었고 무명 아닌 무명의 설움도 날려버릴 수 있었다. 그 무렵 가수라는 일을 자기 운명으로 받아들였다.

"가수는 평생 할 일이 아니라고 생각했어요. 내가 누구 아들인데 하는 생각 때문에 노래하는 일 자체를 하대했어요. 그런데 어느 날 이게 내가 가장 잘할 수 있는 일이구나 하는 것을 깨우쳤어요. 그때부터 노래를 제대로 해야겠다. 그때부터 적극적으로 덤볐어요. 그런 자세로 하니까 결과가 좋았어요. 그 전에 제가 앨범을 스무 장 이상 만들었는데 알려진 게 거의 없어요. 묻힌 게 많아요."

자기 이야기를 쓰고, 자기 이야기를 하기 위해 노래를 부른다. 이 사람 노래에는 유희의 흔적이 보이지 않는다. 사랑 타령도 그리 많지 않다. 인생과 철학을 말하는 수단이 음악이라고 믿는다.

"제가 만든 노래는 제 이야깁니다. 거짓말이 안 들어 있죠. 제가 경험했던 이야기고 제가 살면서 만났던 사람들과 대화에서 나온 이야기입니다. 이 자리도 마찬가집니다만 제 이야기를 하는데 거짓을 말할 수는 없죠. (…) 마흔 중반이 넘어서 〈낭만에 대하여〉를 만들었습니다. 그건 삼십대에 만들 수 없는 노래죠. 그래서 저는 나이가 들수록 더 좋은 노래를 만들 수 있으리라는 기대를 가지고 있습니다."

동료 가수들에 대한 이야기는 담담하다. 경쟁심도 없고, 우월감을 드러내지도 않고, 그들을 부러워하지도 않는다. 저들은 저들의 성이 있고 나에게는 나의 성이 있다는 것, 누구의 성이 더 크고 높은지를 따지는 것은 부질없다고 말할 때 이 사람에게서 대가의 여유가 느껴졌다.

나훈아, 송창식, 조용필, 김민기, 이장희 같은 동년배 가수들에게 라이벌 의식을 느끼지는 않습니까?

"저는 정말 없습니다. 제 생활 모토 중에 하나가 '삼등이 편하다, 일등과 이등이 싸우는 것을 구경하는 게 최고다'라는 생각이 있습니다. 저는 톱 가수상을 받아보지도 못했지만 바라지도 않았습니다. 매니저가 없었기 때문이기도 하지만 저는 정말 그런 것을 바라지 않았고, 그분들 라이벌이 되지도 못하고, 그분들과 경쟁한다는 생각도 없습니다."

나훈아에 대해서는 한때 같은 소속사였다는 인연을 짧게 말했고 조용필은 말을 나눠본 적도 없다고 했다. 송창식에 대한 이야기는 길었다. 송창식이야말로 천재라고 했다. 송창식말고는 인정할 사람이 없다는 말로도 들렸다.

"송창식 선배를 정말 좋아합니다. 무명시절에 송창식 선배 노래를 부르면서 지냈기 때문에… 그분은 별로 저를 좋아하지 않는 거 같습니다. 제가 좋은 곡 좀 달라고 해도 안 주시는 거 보니까(웃음)…. 창식이 형보다 더 좋은 노래를 만들어보자는 욕심은 있었습니다. 〈영일만 친구〉는 〈고래사냥〉을, 〈입영전야〉도 송창식 선배의 〈왜 불러〉를 의식하고 쓴 곡입니다. 그렇게 하다가 송창식 선배가 쓴 〈우리는〉이란 노래 듣고 이거 안 되겠구나 싶었고 〈사랑이야〉 듣고는 좌절했습니다. 그리고 포기했습니다."

2008년부터 13년째 SBS 〈최백호의 낭만시대〉를 진행하고 있다. 밤 10시부터 두 시간 동안 일주일에 닷새 생방송을 하면서 청취자들의 사연을 통해 세상과 소통한다. 그 시간대 라디오 방송을 듣는 사람들은 아무래도 힘든 일을 하는 사람이 적지 않으니, 이 사람도 세상의 낮은 곳에 있는 사람들의 목소리를 주로 듣는다. 그들에게 몇 마디 말과 음악으로 위로를 건네는 것으로 보람을 삼는다. 최근까지 적게는 스무 곡에서 많게는 스물다섯 곡에 이르는 음악을 매일 직접 고르고 방송 순서까지 직접 정했다. 곡의 선정과 배치를 두고 담당 PD와 갈등도 많았지만 내가 하는 방송에서 아무 음악이나 틀 수 없다는 이 사람 고집을 이긴 PD는 없었다.

"사람에 대해서는 따뜻하신데 음악을 보는 눈은 정말로 엄격하세요. 체력적인 부담 때문에 얼마 전부터 제게 선곡권을 넘겨주셨지만 수준 낮은 음악, 저급한 음악은 안 된다는 철학은 확고하세요. 그런 음악 골랐다가는 지금도 용서를 안 하세요." (이정은, 〈최백호의 낭만시대〉 담당 PD)

남녀 가수의 비율을 가급적 반반으로 맞춰 교대로 틀고 청취자의 사연과 성별까지 고려해 음악을 고르는 일이란 머리가 터지는 고역일 텐데, 그 일을 이 사람은 10년 넘게 남에게 넘기지 않았다. 〈최백호의 낭만시대〉 클로징 음악은 가요 명인들의 노래만을 튼다는 불문율이 있다. 물론 이 사람이 만든 불문율인데 이 프로그램의 마지막에 나오는 노래는 최백호가 인정한 명곡인 셈이다.

─── 5년 반 동안 애정 쏟은 '뮤지스땅스'에서 쫓겨나다

서울 마포구 아현동에 있는 한국음악창작소를 2015년 1월부터 2020년 6월까지 운영했다. 마포구청이 제공한 장소에 문화체육관광부 예산 35억 원을 지원 받아 젊은 대중음악인들에게 음악을 연주하고 녹음할 수 있는 시설을 만들었다. 무명 가수들에게 무대를 제공하고 음악에 대한 꿈을 키워주는 이곳에, 뮤직과 저항이라는 뜻의 레지스땅스라는 말을 더해 '뮤지스땅스'라는 이름을 붙였다.

평생 이렇다 할 명함이 없던 이 사람이 처음으로 한 기관의 책임을 맡아서 애정과 열정을 기울인 곳이었다. 옛 마포문화원을 개조해 만든 이곳의 외벽 장식부터 인테리어 자재 하나까지 이 사람 손길이 미치지 않은 곳이 없다. 남에게 아쉬운 소리라고는 평생 할 줄 모르던 이 사람이 예산을 따내기 위해 세종시로, 여의도로 관료들과 정치인들을 쫓아다녔다. 만 5년 반 동안 단 한 푼의 보수도 받지 않았고 10원 한 푼 허투루 쓰지 않았다. 700팀이 넘는 인디밴드들에게 무대에 설 기회를 주었고, 경선에서 뽑힌 후배 가수들에게 앨범을 만들어주었다. 성과도 적지 않았고 평가도 좋았는데 2019년 말 재계약을 앞두고 이곳을 떠났다. 사실상 쫓겨난 것이라고 말했다.

"마포에서 한국음악창작소 일을 하면서 너무 말이 안 되는 경우를 겪었습니다. 제 개인에 대한 모욕은 참을 수 있지만 대중음악에 대한 모욕이거든요. 그 많은 아이들이 거기에 희망을 가지고 왔고 저희는 그 아이들을 격려하고 그랬는데, 말도 안 되는 이유로 저를 나가라고 했을 때 정말 화가 났죠. 마포구청이 말하는 재계약 불가 사유가 거기 출입하는 아이들의 복장이 불량하다는 겁니다. 그게 말이 됩니까."

마포구청은 이 사람이 연장 신청을 하지 않고 스스로 재계약 포기 의사를 밝혔다고 주장했다. 계약이 종료된 이후에도 이 사람 요청을 받아들여 6개월 동안 연장 운영을 하도록 했다는 것이다. 이 사람 주장은 달랐다. 처음 시작할 때 운영기간 10년을 보장받았는데, 5년의 첫 계약기간 만료 이전에 구청 측에서 수차례에 걸쳐 재계약은 없을 것이라고 말했다는 것이다. 이미 자신을 몰아낼 의도가 분명한 상황에서 재계약 연장 신청은 의미가 없었다는 것이다. 마포구청과 이 사람 주장이 엇갈리지만 이 사람이 한국음악창작소에 대해 각별한 애정을 가지고 있었다는 것, 법적 소송까지 검토했을 만큼 마포구청 조치에 대해 분노한 것은 틀림없다.

"문화부 담당자도 제게 소송을 하라고 했을 정돕니다. 변호사에게 물어보니 법적으로 따져보면 제가 이길 거라는데 대신 오년 동안 저는 법정만 쫓아다녀야 한다고 하더라고요. 그래서 직원들 고용 승계를 마포구청이 받아들이는 조건으로 제가 포기했습니다."

명백한 권력의 횡포라고 생각해서 그때까지는 한 번 쳐다보지도 않았던 정치를 할까 싶은 생각까지 했다. 가족들이 뜯어말리지 않았다면 정치에 참여하는 모습을 볼 뻔했다. 정권이 바뀌어도 권력의 행태는 달라지지 않는다고 했고, 억압을 느낀다고 했고, 분노를 느낀다고 했다. 말을 신중하게 가려서 하는 사람이었고 13년 방송 생활 중 단 한 번도 실언을 한 적이 없다고 했다. 그랬던 사람의 말치고는 격하게 들리는 단어들이 적지 않았다. 예상하지 못한 모습이었고 예상하지 못한 말이었다. 자신이 공을 들인 곳에서 부당하게 쫓겨났고, 자기를 쫓아낸 사람들이 현 정권과 결을 같이하는 사람들이라고 생각하는 듯했다. 말의 무게와 말의 날카로움을 충분히 알고 있을 텐데 이 대목에서 거침이 없었고 분노가 넘쳤다.

　현 정부 출범 이후 네 번이나 대통령 참석 행사에 나갔다. 문재인 대통령이 김정은 위원장과 백두산에 올랐던 2018년 북한 방문 때는 청와대로부터 함께 가자는 요청을 받기도 했고, 몇 차례 해외순방에 동행하자는 제안도 있었다. 청와대 행사를 담당하는 탁현민에게 왜 이리 나를 자주 부르느냐고 물어본 적이 있단다. 탁현민의 대답은 간단했다. "대통령께서 최 선생님 노래를 좋아하십니다." 동향이고 연배도 비슷하고 이러저러한 인연으로 현 대통령과 안면이 있다. 무엇보다 대통령이 이 사람 팬인 것을 고려하면 현 정권에 우호적일 거라 생각했다. 텔레비전에 출연할 때는 세월호 추모 리본을 달고 나오기도 했던 사람인데 현 정부에 대한 실망을 숨기지 않았다. 준비 중인 노래가 두 곡 있다. 그중 한 곡의 제목이 〈마 쫌〉이란다.

"경상도 사투리로 '그만해라. 잘한다 잘한다 했더니 너무 나간다. 이쁘다 이쁘다 했더니 진짜인 줄 아네' 그런 뜻의 노래입니다. 약간 시사적인 노래지요."

누구를 향해서 하는 말인가요?
"여러 사람들이 느끼겠죠."

공동체에 대해 발언하고 싶은 게 생기신 거죠?
"예. 라디오를 안 하고 있다면… 사실 하고 싶은 이야기가 참 많습니다."

이 사람 인터뷰를 보면 적극적이라는 느낌을 주지 않는다. 오히려 조심스럽고 소극적이고 멈칫거린다. 대스타의 위용 같은 것은 찾아보기 힘들다. 대화를 주도하기보다 끌려가는 느낌이다. 이번에도 마찬가지였다. 좀처럼 흥분하지 않았고 극적인 사연을 말할 때도 목소리에 고저장단의 변화를 주지 않던 사람인데, 권력과 정치를 말할 때는 사뭇 달랐다. 이 사람 몸속에는 아버지처럼 정치인의 피가 흐르나 싶었다.

───── 가슴 속 열정의 불덩이를 억누르며 살았다

권력을 잡는 데는 언론과 군대만 장악하면 된다는 한 정치인의 말을 듣고 이 사람이 쓴 곡이 〈시인과 군인〉이라는 노래다. 거의 알려지지 않았지만 이 노래 가사는 이 사람이 어떤 사람인지를 선명하게 보여준다.

> 아이야 너는 자라서 시인이 되거라
>
> 가슴에서 피가 배어나는 시를 쓰거라
>
> 불의 앞에서 정의를 말할 수 있고
>
> 분노를 분노로 내뱉을 수 있는
>
> 그러나 거친 벌판에
>
> 작은 풀꽃에도 눈물짓는
>
> 아이야 아이야 너는 시인이 되거라

이 사람 가슴에는 불덩이가 들어 있다. 하마터면 그 불덩이를 놓칠 뻔했다. 가슴속에 깊은 슬픔을 안고 있는 사람, 나이 드는 일의 애상을 기가 막히게 노래하는 낭만가객이라고만 말할 뻔했다. 어느 네티즌이 말한 가슴속의 '뭔가'는 슬픔이나 한 같은 것이 아니라 열정의 불덩이라고 말하는 게 옳다. 그 열정의 불덩이가 이 사람 노래와 삶의 원동력이다. 이 사람의 열정을 보지 못하면 이 사람의 절반을 놓치는 것이다.

어느 행사에 갔다가 그 자리의 주인공인 광역자치단체장이 공연단의 공연 도중 자리를 뜨는 것을 보고 무대에 올라 마이크를 잡고 "저런 몰상식한 사람 절대로 다음에는 뽑지 마세요"라고 소리를 질렀다. 이 사건으로 하마터면 선거법 위반 혐의로 경찰 수사를 받을 뻔했지만 이 사람은 그 일을 후회하지 않는다. 잘 알려지진 않았지만 가수들의 저작권 문제, 후배 가수들의 인권 문제 등에서 이 사람은 앞장서 목소리를 높여왔다. 조용히 뒷열에서 자리나 지키거나 그런 일에는 나 몰라라 하는 사람이 아니다. 자신이 옳다고 생각하는 정의를 관철하기 위해 때로는 물불을 가리지 않는다. 강부자는 "세상을 보는 눈이 정확하고 정의감이 넘치는 사람"이라고 말했다.

후배 가수들이나 이 사회를 위해 할 수 있는 일은 찾아보자는 생각이 강하신 거죠?
"그런 정신, 그런 마음은 있습니다. 제 음악이나 이런 거에 국한되면 안 된다고 생각합니다. 제가 어렸을 때 고생하고 살았기 때문에 힘없는 사람들, 저보다 약한 사람들에 대해 의식하고 있어야 한다는 생각을 가지고 있습니다."

그렇다고 무리 지어 다니거나 요란하게 떠드는 사람은 아니다. 뮤지스땅스 시절을 제외하면 어디에 소속된 적도 별로 없다. 가수단체 등에서 직함을 맡은 적이 있지만 전업으로 한 것은 아니다. 고집도 강하고 까칠하다. 자신에 대한 사랑이 넘치고 자존심이 강하다. 그러니 외로운 사람처럼 보였는데 외로움을 두려워하지도 않는 듯하다,

"제가 굉장히 밝고 긍정적이긴 한데 사람을 잘 못 사귑니다. 그래서 친구가 별로 없습니다. 제가 서울 온 지 오십 년이 다 돼 가는데 서울에 마음을 터놓고 이야기할 수 있는 사람은 몇 사람 안 됩니다. 서울에서 사귄 사람들이 몇 명 안 됩니다."

이 사람에 대한 글은 수사의 더함과 덜함의 차이는 있지만 낭만, 우수, 고독이라는 단어들의 변주가 대부분이다. 시선이 늘 자기 자신으로 향하는 사람, 세상에 대한 관심은 별로 없는 사람처럼 그려졌다. '낭만가객'이라는 말이 그리 싫지는 않다고 했지만 이 사람을 제대로 표현하는 단어는 아니다. 〈내 마음 갈 곳을 잃어〉〈낭만에 대하여〉라는 노래가 심어준 이미지가 강한 탓이지만 이 사람을 제대로 보려는 노력이 부족한 데도 이유가 있다.

풍광 좋은 휴가지에서 느긋하게 쉬는 일 같은 것은 상상할 수 없다고 했다. 몸 안에 뜨거운 피가 들끓어서 잠시도 가만히 있지 못하는 사람이다. 그 에너지로 음악을 만들고, 노래를 부르고, 그림을 그리고, 글을 쓰고, 정치가 늘 이 모양 이 꼴이라고 일갈한다.

"나이 들면 가만히 누워서 쉴 수 있는 그런 사람이 될 수 있겠지 싶었는데 전혀 그렇게 되지를 않더라고요. 제 안에 열정이 많은데 제가 그 열정을 억누르며 살고 있다는 생각이 듭니다. 그 열정을 잘 다스리며 살아야 될 텐데 언젠가 그 열정이 잘못 터져서 엉뚱한 짓을 하지 않을까 하는 걱정이 있습니다."

───── **아흔에는 거의 완벽에 가까운 노래를**

보수적이고 꼰대 기질도 다분하지만 미래로 열려 있고, 다른 사람에게도 열려 있는 사람이다. 2012년 후배들과 함께 〈다시 길 위에서〉라는 앨범을 만들었다. 이 앨범 제작을 계기로 박주원, 이주엽, 말로, 에코브리지, 아이유 등 젊은 음악인들과 같이 일하고 교류하기 시작했다. 그때 이후로 부른 노래가 〈부산에 가면〉 〈바다 끝〉 〈더 나이트〉(드라마 〈괴물〉 OST) 등이다.

그 전에는 작사든 작곡이든 본인의 손이 들어갔는데, 온전히 남이 만든 노래를 부른 적은 처음이셨는데 그때 경험이 어땠습니까.
"프로듀서와 많이 싸웠어요. 왜 이렇게 해야 하느냐, 왜 이렇게 어렵게 가느냐, 쉽게 가자 하고 많이 싸웠어요. 그런데 결과가 좋았으니까요. 노래 녹음하고 계속 연습하면서 제 음악적 시야가 넓어졌습니다. 그렇게 다퉜던 게 그 사람들에게도 공부가 많이 됐을 겁니다. 그 과정이 참 좋았어요. 그런 과정들이 가수 생활하는 데 큰 활력이 됩니다."

노래하는 법을, 노래 만드는 법을 제대로 배운 적이 없다는 이야기를 여러 차례 했다. 같은 노래를 불러도 매번 다르다고 했다. 기초가 튼튼하지 않기 때문이라고 했다. 탄탄하게 이론으로 무장한 젊은 친구들과 작업을 하면서 자신에게 빈 구석이 있다는 것을

실감했기 때문인지도 모른다. 요즘 노래들은 너무 어렵다고도 했다. 쉽게 따라 부르고 흥얼거릴 수 있는 노래들이 좋은 노래라는 것이다.

"후배들과 작업할 때 너무 어렵게 만들지 말자, 노래가 좀 쉬워야 한다고 말하는데 요즘 젊은 사람들은 평범함을 못 이겨내는 거 같아요. 박자에서부터 뭔가 독특하게 가려고 하는데, 자기만족이죠. 그러면 듣는 사람은 힘들죠."

어딘가 먹물 같은 느낌이 있다. 연구에 대한 열정이 식지 않은 노학자 같은 이미지를 풍길 때도 있다. 만화책을 좋아하지만 다른 책들도 많이 읽는다. 독서를 통해 상상력을 키우고 세상과 교감하는 사람이다. 이 사람이 쓴 글을 보면 독서의 양이 느껴진다. 글을 고르는 눈이 음악을 고르는 것만큼이나 엄격해서 방송에서 같이 일하는 작가들이 힘들어 할 때도 있다. 미대에 가려던 꿈은 실패했지만 다섯 번의 개인전을 가졌으니 화가로 불릴 만하다. 필생의 꿈이었던 영화는 촬영 도중 포기하고 말았지만, 대신에 딸이 그 꿈을 이어받아 준비 중이다.

70대는 어느 시인의 표현을 빌리면 때때로 귀신과 이야기를 나누는 나이다. 70대가 되니 보이는 인생이 다르다고 했다. 아흔이 되면 완벽한 좋은 노래를 부를 수 있을 것이라는 말은 일종의 바람이가 했는데 진심인 듯하다. 아흔에는 아흔의 호흡으로 노래하면 된다고 했다. 여든이 되고 아흔이 되면 거의 완벽에 가까운 노래를 만들 수 있지 않을까 기대를 가지고 있다고 했다. 목청만이 아니라 자신이 살아온 삶에 대한 자신감이 있기 때문이다.

"제 일에 대해서, 제 자신에 대해서 진정성을 가지고 살았습니다. 그것은 제가 자신 있게 말할 수 있습니다. 젊은 시절에 친구들이랑 술 마시고 다니고 그래서 실수한 적도 있지만, 진정으로 제 자신을 돌아보고 정리하고 그렇게 살아왔던 게 지금까지 버틸 수 있었던 이유 중에 하나가 아닐까 생각합니다."

오후 4시가 조금 지나 시작된 인터뷰가 7시를 넘어가면서부터 마음이 조금 바빠졌다. 백신 접종을 하고 온 칠순 노인을 마냥 붙잡고 있을 수는 없었다. 더구나 이 사람은 밤 9시부터는 방송 준비를 시작해야 할 사람이었다. 그런데 듣고 싶은 이야기는 많았고 이 사람도 하고 싶은 이야기가 많은 눈치였다. 매일 두 시간 생방송을 하는 사람이니 두 시간 정도는 괜찮겠지 싶었는데 세 시간이 넘어가도 끄떡없었다. 중간에 에어컨 바람이 춥다며 냉방을 조절했으면 좋겠다고 한 것말고는 조금도 흔들림이 없었다. 오히려 시간이 갈수록 힘이 나는 듯했다. 역시 후반이 강한 사람이다.

어떤 사람으로 기억되기 원하느냐는 질문에 대해 손자와 그 아이들에게 '우리 할아버지 참 좋은 노래 불렀네'라는 말을 듣고 싶다고 했다. 그 꿈은 이미 이루어진 듯싶다.

'한부모가정 자녀 걱정하는 진실모임' 기자회견장에서 발언하는 오한숙희(2008년)

오한숙희 | (사)누구나 이사장

마이너리티 감수성으로 보는 세상

세상에 속지 않고
세상에 지지 않고 살아가는 사람

7년 전 제주도에 왔다. 처음부터 한반도 남쪽 끝 이 섬이 자신의 최후 거점이 되리라고 생각한 것은 아니었다. 지친 몸과 마음을 이끌고 잠시 쉬러 왔을 뿐이었다. 몇 달 지내다 보니 제주의 푸른 바다와 하늘, 그리고 한라산에 기대어 살고 싶어졌다. 전국을 돌며 몸이 불편한 둘째와 같이 살 만한 곳을 고르던 참이었는데 제주라면 살 수 있겠다 싶었다. 육지에서는 발달장애가 있는 아이가 살 만한 곳을 찾기 힘들었다.

포기할 것은 과감하게 포기했다. 이제 세상의 모든 불의와 부조리를 적으로 돌려세울 수는 없다는 것을 안다. 이런 것이 나이가 주는 지혜로움이라고 했다. 그렇다고 평생 해왔던 이 세상의 고정관념, 편견과의 싸움을 멈춘 것은 아니다. 오히려 제주를 근거지로 그 어느 때보다 격렬한 싸움을, 그러나 고요하게 벌이는 중이다.

이 사람에게는 지나온 62년 인생과 인생의 남은 시간을 모두 건 싸움이다. 뜻을 같이하는 사람들과 올레길을 걷고 오름을 오르는 것으로 저항한다. 함께 그림을 그리고 글을 쓰고 춤추는 것으로 싸운다. 이런 방식으로 버티면서 하루가 가고 일주일이 가고 한 달이 가고 일년이 가고 십년이 가기를 바라는 것이다. 그렇게 버티면 세상이 바뀔 것이라고 믿는다. 아무리 옳은 이야기라도 정의가 현실이 되는 데는 시간이 필요하다는 것을 여성운동의 역사에서 배웠다. 인간의 역사는 사람의 의지가 아니라 모든 사람이 존중 받고 행복하기를 바라는 신의 큰 뜻에 따라 흘러왔다는 것을 이제는 믿기 때문이기도 하다.

오숙희라는 원래 이름에 어머니 성을 한 자 더해서 몇 년 전부터 오한숙희라고 쓴다. 서너 달치 강연 일정이 늘 잡혀 있었고, 한때는 일주일에 4개의 고정 칼럼을 쓰고, 방송을 안 하는 날이 손에 꼽을 정도였다. 전국을 돌며 3500번이 넘는 강연을 했다. 서울에서 부산으로 비행기를 타고 가서 강연을 하고 그날 다시 김포공항으로 되돌아와서 곧바로 광주에 가 강연을 하는 식의 일정도 허다했다. 말 그대로 동에 번쩍, 서에 번쩍이었다. 13권의 책을 통해 1990년대와 2000년대 초반 여성학이란 다소 낯선 말을 대중에게 전파한 시대의 아이콘 같은 사람이다. 하도 말을 많이 해서 턱관절 보호대를 착용한 적도 있다는 전설 같은 일화도 있다.

언젠가부터 방송과 지면에서 이 사람의 모습이 잘 보이지 않았다. 제주도로 이주했다는 말이 풍문처럼 들렸다. 인터넷에서 이름을 검색하니 간간이 강연을 하는 것으로 나오긴 했지만 활동이 많은 것은 아니었다. SNS 활동을 한 흔적이 없고, 이 사람이 이사장으로 있다는 '사단법인 누구나'로 전화를 해도 받는 사람이 없었고, 홈페이지에 올라와 있는 메일 주소로 보낸 인터뷰 요청 편지는 되돌아왔다. 핸드폰으로 보낸 문자에도 답이 없었다. 세상과의 인연을 끊고 살려는 것인가 싶었다. 인터뷰를 포기하려다 그래도 한번 더 마지막으로 확인하는 마음에서 문자를 보냈더니 그때서야 답이 왔다.

　남으로는 푸른 바다, 북으로는 흰구름 걸린 한라산이 보이는 서귀포 한 카페에서 이 사람을 마주보고 앉았는데 찬란한 햇빛 때문일까, 보는 이의 눈이 시었다. 머리에는 살짝 서리가 내렸고 얼굴이 다소 야윈 듯했지만 목소리는 귀에 익은 그대로였다. 이전에 한 번도 만난 적이 없는 사람이지만 낯설지 않았다. 전투란 전투는 모두 경험한 백전노장 같으려니 했는데, 삶에 달관한 것인지 아니면 포기한 것인지 구분하기 힘든 표정으로 사람을 맞았다.

───── **한국판 '오프라 윈프리 쇼' 진행자**

　　일본 유학을 다녀온 아버지는 이북 출신 실향민이었다. 역시 실향민인 어머니를 만나 인천에 둥지를 틀었다. 평생 당신 이름이 적힌 문패 달린 집을 가져보지 못한 가난한 가장이었지만 딸의 생각을 존중해주는 아빠였다. 추첨으로 배정된 사립고등학교는 군인 출신 이사장이 전제군주로 군림하는 학교였다. 입학한 지 한 달 만에 영어교사가 세 번이나 바뀌었고 자격과 자질이 의심스러운 선생에게 학교폭력을 경험했고 수시로 사역에 동원되었다. 그런 학교는 더 이상 못 다니겠다고 말했을 때 아버지는 딸의 의견을 존중해줬다. 그런 경험 때문이었을까, 말을 하는 데 주저함이 없는 소녀였고 말의 힘도 일찍 깨우쳤다. 자신의 생각을 야무지고 조리 있게 표현하는 것은 타고난 재주였다.

아버지가 고1 때 갑자기 돌아가시면서 넉넉하지 않은 가세가 더욱 기울었다. 마흔여섯 살에 홀로 된 어머니가 생계를 책임져야 했으니 가난의 쓴물이 매일 입안에 고이는 삶이었다.

두 언니는 가정형편을 고려해서 여상(女商)에 진학했다. 이 사람도 대학에 다닐 처지가 아니었고 주변에서도 은근히 언니들의 길을 가기를 바라는 눈치였지만 배움에 대한 열망을 포기하지 않았다. 1977년 이화여대에 입학한 이후 안 해본 아르바이트가 없다. 학생운동에 관심이 있었지만 발을 들여놓지 않은 것은 당장 학비를 벌어야 하고 먹고사는 문제가 시급했기 때문이었다. 그 때 마음의 빚 때문에 평생 사회운동을 해왔다고 했다. 대학을 졸업하고 한 중견기업 홍보실에 들어갔다. 1년의 직장생활은 여중, 여고, 여대를 나온 이 사람에게 난생 처음 맛보는 차별의 시간이었다. 이 차별의 뿌리를 알아보고 싶다는 마음에서 여성학을 공부하기로 했다. 여성학과의 만남을 통해 세상을 바라보는 새로운 눈을 얻게 되었다.

1980년대 말 동구 사회주의 몰락과 함께 거대담론의 시대가 저물었다. 그 빈자리에 개인의 삶과 일상성에 주목하는 담론이 우후죽순처럼 피어났다. 1980년대까지만 해도 주변부 취급을 받던 여성학에 대한 수요가 폭발적으로 늘어났고, 미디어에서도 여성들의 목소리를 담으려는 프로그램이 제작되었다. 대표적인 프로그램이 KBS 〈생방송 여성〉이었다. 1990년 12월 박사 학위도 없는 시간강사였던 만 31세의 이 사람이 이 프로그램의 진행자로 발탁되었다. 말 그대로 파격이었다. '빽도 없고 미모도 없고 별다른 스펙도 없는 사람'이었지만 다른 프로그램 패널로 서너 번 출연한 이 사람의 가능성을 여성들로 구성된 눈 밝은 제작진이 간파한 것이다.

"그 시대가 이런 프로그램을 필요로 해서 만들어졌고 저는 거기에 도구로 쓰인 거죠. 그래서 저는 스스로를 공공재라고 생각했어요."

〈생방송 여성〉은 한국판 '오프라 윈프리 쇼'였다. 진행자의 색깔이 진하게 묻어나는 오숙희에 의한, 오숙희를 위한 프로그램이었다. 두 시간짜리 영화를 보고 오면 친구들에게 장장 4부작으로 개작해 이야기를 풀어내던 재능이 방송에서 만개했다. 듣는 사람이 거부감을 갖지 않도록 말하는 재주가 탁월했다. 부드럽게 말하는 것에 그치지 않고 핵심을 짚고 정리하는 능력도 발군이었다. 오로지 자신의 재능과 열정 하나로 단박에 방송가의 스타가 되었다.

아직도 공항이나 터미널 식당에 가면 자신을 알아보는 사람들을 만난다고 했다. 그 때 자기들 이야기를 너무 속 시원하게 대신해줘 고맙다는 인사를 받는다.

"수더분한 동네 아줌마 인상, 그러니까 그 전에는 방송에서 전혀 볼 수 없었던 듣보잡의 낯선 캐릭터인데 그게 사람들한테 엄청 친근한 거죠. 그런데 그런 사람이 우리 사는 이야기를 하면서 자기네들이 느끼고 있었지만 잘 표현하기는 어려웠던 것을 자기들의 언어로 가려운 데 긁어주듯 이야기할 때 시원함을 느끼신 거 같아요."

임신 9개월까지 마이크를 놓지 않을 만큼 애정과 열정을 쏟았던 이 프로그램에서 2년 만에 스스로 하차했다. 1992년 이혼을 했는데 자신의 가정사로 프로그램에 폐를 끼친다는 생각 때문이었다.

"제 개인적인 문제로 이 프로그램이 폄훼되고 훼손되는 거예요. '거 봐라 여자가 나서서 진보적인 이야기를 하면 가정이 깨진다'는 이야기가 나와서 계속 내가 이 프로를 맡는 것이 긍정적이지 않겠다 싶었어요. 그 때만 해도 방송국 안에서 가부장적인 분위기가 강하기도 했어요."

━━━ '남자들도 참지 말고 말해야 한다'

말만 하면 신이 났고 말을 할 수 없으면 병이 났다. 스스로 말하기 위해 태어난 사람이라고 했고 자신은 여성학, 여성운동이라는 '현대판 굿마당'에 선 말(言)무당이라고 했다. 전국 곳곳에서 이 사람을 찾았고 부르는 자리는 거절하지 않았다. 말을 잘하기도 했지만 말하기를 좋아하는 사람이었으니 얼마나 신이 났을까. 최고 강연료를 받는 '고수익 강연'은 물론이고 여성노동자 모임, 여성농민회, 시민단체, 여성단체, 학생들이 부르는 '운동권 강연' 자리도 사양하지 않았다. 그런 자리에서 여성학과 여성운동의 필요성에 대해 역설했다. 여성학이라는 말이 이 사람을 통해 대중에게 전달되었고 이 사람의 입을 통해 여성운동이 그 영역을 넓혀갔다.

부드럽게 말씀하셨지만 1990년대의 대표적인 여성운동 논객이셨지요?

"그렇게 부드럽게 말한 것은 아니었어요. 엄청 과격하고 열정적이고 그래서 남자들과 많이 부딪쳤어요."

최근 벌어지고 있는 페미니즘에 대한 분석은 예리했고 해법은 명쾌했다. 전문가는 역시 다르다는 생각이 들었다. 여자들이 시끄럽다, 여자들은 별 거 아닌 것으로 사회 이슈를 만든다, 여자들이 너무 부글부글 끓는다라고 이야기할 게 아니라 남성들도 자신들의 이슈를 만들어 나가야 된다고 했다.

"여자들은 자기 문제를 이야기하고 공감하는 사람들끼리 모여서 계속 의제를 만들어가면서 공동체적인 삶을 사는 거죠. 그런 거에 비해서 남자들은 너무 개별화 되어 있어요. 저는 한국 남자들이 너무 참는 게 아닌가 싶어요. 남성들은 '너희는 그런 것을 당했다고 하지만 우리는 또 다른 유형의 억압과 희롱과 모욕 다 당해. 그런 게 사회야' 그렇게 생각하고 개인적으로 다 참고 가만히 있는 거잖아요. 저는 공격의 화살이 여성으로 향할 게 아니라 사회 전반의 이야기로 가야 한다는 거예요. '나는 이렇게 힘들어도 참고 있어. 그러니 너희도 참고 가만히 있어… 너희가 너무 시끄러워!' 이렇게 말하는 것은 사회의 발전과 진화를 놓고 볼 때 안 맞는 거죠."

남성들이 여성들을 공격하는 것으로 자기들의 어려움을 해소하지 말고, 여성들이 이런 문제를 가지고 있다면 남성들에게도 이런 어려움이 있다고 말하자는 것이다. 한국 사회에서도 이제 남성학과 남성운동이 있어야 한다고 했다.

"남자들이 어떤 어려움과 삶의 애환과 고충을 갖고 있는지 우리 사회가 알아야 하거든요. 한국 사회가 남자들에게 말하지 말라고 하는 거예요. 그냥 참아라. 남자, 말 많으면 안 된다. 그리고 그런 이야기하면 쪼잖해 보이지 않을까? 하는 대장부 콤플렉스도 많이 심어줬잖아요. 이제 그런 것에서 벗어나서 남성들이 자기들 이야기를 해야 돼요. 그래야만 여성들의 문제도 근본적으로 해결될 수 있어요."

백 명의 여성이 있으면 백 개의 페미니즘이 있다고 했고 그게 맞다고 했다. 이제는 남녀간 차이보다 세대별 차이가 더 큰 거 같다는 말도 했다. "너 이거 받아들여야 돼, 이러이러하니 내가 맞고 너는 틀려"가 아니라 "우리랑 크게 다르지 않네, 그래 그거는 나도 이해가 돼"라는 반응을 끌어내야 된다고 했다. 이런 말은 요즘 페미니즘을 주장하고 있는 후배 여성운동가들에게 주는 조언처럼 들렸다. 젊었을 때는 장애물이 있으면 정으로 깨부수어 버리거나 포클레인으로 들어내야 한다고 믿었던 사람인데, 이제는 내가 이해하고 내가 받아들인 것만큼만 가볍게 얹어보자고 말한다. 오한숙희라는 사람이 순해진 거 같다고 했더니 나이가 주는 선물이라고 했다.

40대 중반까지 방송 출연료, 강연 수익으로 풍족하게 돈을 벌었다고 했다. 책을 내는 족족 베스트셀러가 되었으니 이에 따른 수입도 적지 않았을 것이다. 그 때 번 돈으로 경기도 김포에 제법 큰 집을 지었지만 현재 재산은 별로 많지 않은 듯하다. 재테크와는 거리가 멀었다.

"제가 보험을 들어놓은 것도 아니고 집을 사고팔아 돈을 번 것도 없고 주식을 하지도 않았어요. 재테크라는 것을 하나도 안 했어요. 김포에 있는 집도 절반이 빚이에요. 저 집 담보를 잡아 그걸로 생활하고 있는데 집 팔리면 정리할 생각이에요. 저는 죽을 때 집도 없고 크게 남길 재산도 없었으면 딱 맞겠다 생각하고 있어요."

열여덟 살부터 돈을 벌어온 이 사람에게 무엇보다 중요한 것은 경제적 독립이다. 『솔직히 말해서 나는 돈이 좋다』라는 제목의 책도 쓴 적이 있지만 돈 때문에 아무 일이나 하지는 않았다. 약이나 보험 광고 제안은 거절했다. 자신이 직접 경험해보지 않은 이야기를 남에게 할 수는 없다는 거였다. 거액을 제시한 홈쇼핑 채널 출연도 같은 이유로 거절했다.

"저는 제가 이미지를 파는 사람이라고 생각하지 않거든요. 이 시대를 같이 공감하고 같이 살아가는 사람이기 때문에 제가 체험한 것을 사람들에게 이야기했고 사람들이 그거에 공감하고 그런 가운데 서로를 기억하게 된 거잖아요. 그렇게 생긴 제 이미지를 팔아서 돈을 벌지는 않겠다고 생각했어요."

장애가 있는 아이를 생각하면 돈이 있어야 하지 않겠느냐는 말에 딱부러지게 그렇지 않다고 했다.

"저는 그거에 대해 생각이 좀 달라요. 저는 돈을 물려주면 안 되고 사람을 물려줘야 한다고 생각해요. 장애를 가진 아이들의 많은 부모가 돈이 필요하다고 생각하죠. 아이가 직업을 갖지 못할 거라 생각하니까 먹고사는 문제를 해결해주고 주거를 해결해줘야 하니까 돈을 남겨줘야 한다고 생각하지요. 사람은 기본적으로 공동체가 있어야 산다고 믿어요. (…) 등산을 할 때 자기 배낭 자기가 메고 자기 발로 가는데 혼자 걸으면 완주를 못 하지만 여러 사람이 함께 걸으면 굉장히 풍족하고 만족스럽게 걸어요. 저는 제 아이에게도 그런 공동체를 만들어주고 싶은 거예요."

정치권에서 몇 번 영입 제안을 받았다. 정치에 대한 관심이 많았고 대중들에게, 특히 여성들에게 틈만 나면 정치에 대한 관심을 촉구했던 사람이다. 2011년 문재인, 조국, 문성근 등이 참석한 '혁신과통합' 모임에서 사회를 본 적도 있다. 그렇지만 자신이 정치를 잘

할 수 없을 거라는 생각에 정치권에 발을 들여놓지는 않았다.

청중들의 열화와 같은 환호가 늘 함께할 거 같은 사람이었는데 최근 몇 년 사이 이 사람 강연을 보면 그런 반응은 보기 힘들다. 찾는 사람들도 줄었고, 이 사람 강연 동영상 조회수는 기대에 못 미친다. 조심스럽게 전성기가 지났다고 생각하지 않느냐고 물었더니 자신을 필요로 하는 시대는 지난 지 오래 됐다고 했다. 자신은 방송인이 아니라 시대를 호흡하면서 사람들에게 어떤 길을 제안하는 운동가적인 지식인의 길을 걷고 싶었다고 했다. 그렇기 때문에 방송인으로 수명을 연장해야 한다는 생각은 하지 않았다는 것이다. 그래도 방송은 마약 같은 것이다. 자신에게 쏟아지던 화려한 조명을 잊기란 쉬운 일이 아니다.

"그런 점에서 저는 전혀 중독되지 않았어요. 사람들이 저를 길에서 알아보고 그래도, 저기 티비에 나온 누가 간다가 아니라 '그 때 그 이야기 너무 잘 들었어요. 그때 너무 힘들었는데 당신의 이야기가 힘이 됐어요' 그렇게 이야기하는 거니까 우리는 방송이라는 매개를 통해 알게 된 동지 같은 것이지 연예인으로 대상화 되어 이미지가 소비되는 사람이 아닌 거예요. 방송에 안 나가서 섭섭하다든지, 사람들이 이제 더 이상 나를 찾지 않아서 우울하다든지, 내 정체성이 흔들린다든지, 날 알아보지 못하는 것 때문에 인생이 허무하다든지 재미가 없다 그런 생각은 하지 않아요."

이 사람 입담이면 요즘 유행하는 예능 프로그램에서도 충분히 통할 거 같은데 편집과정에서 살아남자고 애쓰는 모습은 보이고 싶지 않은 모양이다. 유튜브를 해도 잘 할 사람 같은데 유튜브도 하지 않는다. 방송에 나가고 그래야 책도 팔리고 아이들을 데리고 먹고 살 수 있다는 것을 모르지 않는다. 그래도 자신이 이건 아닌데 싶은 것은 하지 않겠다고 했다. 혼자 있는 시간이 좋은 면도 있다고 했다. 사회적인 일을 놓고 나니 여백이 생기면서 그 여백이 자신이 어떤 사람인지 바라보는 것으로 채워진다는 것이다.

물론 여기에는 불안도 있고 우울도 있고 걱정도 있다고 했다. 방송을 하지 않고 강연 요청이 줄어든다고 산 입에 거미줄이야 치겠냐고 했다. 가난하게 살았던 경험이 있어 자신은 가난하게 사는 것이 그리 두렵지 않노라는 말을 담담하게 했다. 예전 같지는 않지만 지금도 이 사람을 찾는 곳과 사람들이 있다. 그런 곳에서 강연도 하고 사회도 보면서 은행이자 낼 정도 돈은 번다고 했다.

―― 마이너리티 감수성

둘째딸 희나 양은 자폐라고 불리는 발달장애를 가지고 있다. 서른이 넘었는데 아직도 양치를 도와줘야 하고 누군가 항상 곁에 있어야 한다. 몇 년 전, 장애를 가진 자식은 엄마가 올인할 때 좋아진다는 세상 말은 믿어 버리곤 했다.

제주도에 오기 전 아이를 데리고 6개월 동안 둘만 지냈다. 둘만의 생활은 이 사람의 완패였다. 2014년 봄, 피로에 완전히 절었다. 바늘 하나도 들 수 없는 상태가 되었다. 아이와 둘만 있다는 것은 이 사람이 숨을 쉴 틈이 없다는 뜻이었다. 수면제를 먹지 않으면 잠을 이룰 수 없었고 우울증과 무력감에 시달렸다. 자신이 좋아하는 말하는 일과 글 쓰는 일을 할 수가 없게 되자 마음의 병은 물론 육체의 병이 따라왔다. 잘 달리던 마라토너가 페이스를 잃어버린 것처럼 모든 것이 올 스톱 되었다.

제주도에 내려온 게 이 무렵이다. 장애가 있는 아이를 데리고 도시에서는 자유롭게 나갈 수도 없고 경쟁할 수도 없다. 자신들은 경쟁의 컨베이어 벨트에 올라탈 수도 없고 올라타도 견딜 수가 없다는 것이다.

"장애가 있는 아이를 데리고 도시에서는 할 게 없어요. 김포 우리 집에 뒷산이 있었는데 도로가 났어요. 그러니까 장애가 있는 아이와 갈 수가 없어요. 그런데 여기는 올레가 만들어져 있어서 자연 속을 걸으면 돼요. 그럼 하루가 물 흐르듯 가요. 다시 육지로 돌아가고 싶은 마음은 없어요."

천하의 오한숙희가 밀리고 밀려 한반도 남쪽 맨 끝까지 온 거 같다고 했더니 그 표현도 맞다고 했다.

"(저와 제 가족은) 도시에 정착해서 재미를 못 본 거죠. 그러니까 한

반도 남쪽 끝에 내몰려졌다는 말도 맞는 거야. 육지에서 살 만하면 여기에 왔겠어요."

타인과의 공감 능력, 사회성이 부족한 자기 아이가 하는 일을 보면 세상일 가운데 이해되지 않는 일이란 없다. 세상과 다른 사람을 보는 눈이 너그러워질 수밖에 없다. 자신은 출생부터 마이너리티라고 했다. 단 한 번도 메이저인 적이 없다고 했다. 부모는 남한에 뿌리가 없는 실향민이었고, 셋방살이를 전전했고, 맏이도 아니고 막내였다. 여자고, 이혼녀고, 장애를 가진 아이의 엄마이니 마이너리티의 조건을 완벽히 갖춘 셈이다.

"내가 마이너리티였는데 이제 메이저가 되었다는 착각, 허영심, 허위의식 없이 그냥 내가 살아가는 삶인 거고, 그런 삶 속에서 내가 하고 있는 일들이 다른 사람들에게 공감되면 좋은 거고, 같이 갈 사람들 만들면 좋은 거고. 마이너리티 감수성은 저만이 아니라 모든 사람들에게 존재하는 거고, 그런 것을 가지고 살아갈 때 삶은 오히려 안정된다는 거죠. 자신의 실존을 인정하는 거잖아요."

소수자의 눈으로 세상을 보니 세상에 소수자 아닌 사람이 없었고 소수자들의 가능성이 새롭게 보였다. 제주도에 정착하기로 한 것은 제주의 올레길과 오름과 푸른 하늘과 바다 때문만은 아니다. 제주에 와서 새삼 둘째딸이 '자기 안에 갇혀 있는 아이'가 아니라 공동체 안에서 예술을 통해 느리지만 남들과 소통할 수 있고, 자연과 어울릴 수 있고, 자신을 표현할 수 있다는 것을 깨달았기 때문이다. 자기 딸 같은 '특이한 개성'을 가진 사람들, 한국의 말과 문화가 여전히 낯선 결혼이주여성, 자신의 몸을 움직이기 힘든 시니어들이 제주라는 아름다운 자연 속에서 서로 돕고 함께 지낼 수 있는 공동체를 만들 수 있다는 가능성을 봤기 때문이다.

2018년 '사단법인 누구나'를 만들었다. 노인, 발달장애인, 결혼이주여성들이 예술로 소통하고 예술로 자신을 드러낼 수 있도록 돕는 것이 이 단체의 설립 목적이다. 이 사람들도 자기의 삶을 재미있고 의미 있게 살아갈 수 있는 뭐가 있지 않을까 싶어 만들었다.

자신의 신용으로 빌릴 수 있는 최대한의 돈을 대출 받아 사무실을 만들고 그림을 그리고 글을 쓸 수 있는 장소를 빌렸다. 2년 동안 운영하다가 코로나 때문에 사무실을 집으로 옮겼고 작업공간은 일시적으로 문을 닫았다. 활동이 줄어드니 외부 지원도 줄어들 수밖에 없다. 내심 초조할 수 있겠다 싶은데 그렇지 않단다.

"예전 같으면 몇 년 계획을 세워서 일차 연도에는 이 정도로 업그레이드하고 이차 연도에는 이 정도 성장을 하고 그런 계획을 세웠는데 지금은 그런 거 하나도 없이 어쨌든 십년간 꾸준히 한다. 여기 있는 곳에서 내가 할 수 있는 만큼 꾸준히 대신 힘 빼지 말고 길게 가자는 생각으로 야금야금 하고 있어요. 에스엔에스(SNS) 상에서 우리 이런 거 합니다 알기보다는 그냥 좀 침묵하면서 때를 기다리고. 눈 앞에서 벌어지는 일에 일희일비하지 말고 내가 용기를 잃지 않으면 이 일은 잘될 수밖에 없다라는 담대한 믿음을 가지고 있죠."

깃발을 들긴 했지만 이 공동체를 크게 키울 생각은 없다고 했다. 이걸 키우기 위해 사람을 모으고 우리가 이런 일을 하고 있다는 것을 알려서 후원을 받으려고도 하지 않는다고 했다. 필요한 사람은 오라는 것이고 돕겠다는 사람들에게는 당신이 즐겁게 할 수 있을 만큼만 도우라고 한다.

─── 모든 소수자들이 함께하는 싸움

꾸준하게 다양한 형태의 공동체 실험을 해온 사람이다. 언니, 조카 같은 혈연의 가족들과는 물론 친구들, 지인들과 공동체를 이루며 공동육아를 시도했고 어머니가 없는 한부모 가족과 자신의 가족이 함께 사는 새로운 형태의 가정을 꾸린 적도 있다. 혈연, 가족으로만 구성된 공동체를 고집하는 것은 시대착오라는 생각은 오래된 소신이다.

공동체 실험 가운데 실패로 끝난 것도 있지 않나요?
"저는 그게 성공과 실패로 갈릴 문제는 아니라고 생각해요. 그냥 꾸준히 진행되는 거죠. '나 어떤 공동체를 만들 거야' 그래서 만들려고 노력했다가 그게 이루어지지 않거나, 이뤄졌다가 빨리 깨졌구나 이런 개념이 아니라 인생을 혼자 살 수 없으니까 누군가와 더불어 살아가야 되니까 내가 갖고 있지만 어떤 사람이 없는 것을 서로 나누며 사는 것이 공동체죠…. 공동체에 대한 실험을 한다기보다 인생 자체가 혼자 살아갈 수 없는 거니까 끊임없이 공동체적 지향성을 가지고 굴러가는 거죠."

지금 하고 있는 '사단법인 누구나' 역시 또 하나의 공동체 실험이다. 예전과 달라진 것이 있다면 이 사람 시선이 훨씬 먼 곳을 바라보고 있다는 점이다. 자기의 어려움을 통해 다른 사람들의 어려움과 고통을 이해하고 함께하려는 것은 달라지지 않은 점이다. 이 사람의 싸움은 몇 년 안에 끝나는 싸움이 아니라 몇 세대에 걸친 장기전이고, 이 땅의 모든 소수자들이 함께하는 싸움이 될 거라는 것은 분명하다.

"우리 세대가 떠나면 젊은 세대가 와서 같이 돌보다가 그 세대가 떠나면 다른 세대가 또 올 거고…. 장애 있는 사람은 계속 태어날 거고 장애가 있는 사람들과 더불어 살겠다는 사람들도 계속 태어날 거다. 이들이 같이 살 수 있는 어떤 모델이나 판을 만들어 놓으면 그 안에서 둥글게 둥글게 같이 살다가 한 세상 가는 거죠."

「아무도 미워하지 않은 지렁이」라는 제목의 이 사람 글은 중학교

교과서에도 실린 글이다. 지렁이를 무서워하고 미워하다가 지렁이에 대해 알고 나면서 그 무서움과 미움을 극복해 나가는 이야기다. 알려고 하기도 전에 판단하는 것, 낯선 것에 대한 고정관념, 선입견이 주는 폐해를 지적하는 글이다. 둘째딸에 대한 이야기가 다시 이어졌다.

"밖에서 보는 사람들은 '일년 삼백육십오일 어떻게 저런 애랑 같이 한 집에 살 수 있었을까. 그것도 삼십년 넘게' 제 친구들은 다 저를 측은하게 여겨요. 끝나지 않는 육아, 죽어서 눈을 감아도 안심할 수 없는 육아가 너에게 숙제로 남겨졌구나. 그게 맞는 말이기도 하지만 그 말이 전부는 아닌 거예요. 세상 사람들은 아이가 장애가 있으면 아무것도 할 수 없을 거라고 해요. 그런데 장애가 있는 엄마들 만나면 세상에 속지 말라고 해요."

남들은 장애라고 하지만 이 사람에게 자폐는 개성이다. 아이가 세상에 적응하지 못하는 게 아니라 사회가 이 아이들을 받아들일 준비가 되어 있지 않은 것이다. 소통에 장애가 있는 아이들은 자신의 생각을 전하는 방법이 특이하고 때로 시간이 걸리지만 소통이 불가능한 것은 아니다. 아이들의 특이한 개성을 이 사회가 인정하지 못할 뿐이다. 비슷한 처지의 엄마들을 만나면 꼭 이렇게 말한다.

"사람들이 너무 쉽게 단정하고 단언하는 것, 그 말에 우리가 속지 말아야 된다. 엄마들에게 속지 말라고 해요. 의사가 뭐라고 하든 그 말에 속지 말아라. 사람들이 장애 가진 아이랑 힘들지 않을까 한다고 해서 '나는 힘들어'라고 자기연민에 빠지지 말아라, 그거 지는 거다."

둘째 때문에 배운 것이 많고 느낀 것이 한두 가지가 아니다. 가끔 스스로에게 묻는다. 혼자 살았다면 내가 더 행복했을까.

"단순히 지금이 좋다고 생각해야지 하는 자기최면의 문제가 아니라 객관적으로 무게를 재봐도 힘들지만, 결코 녹록한 삶이었다고 할 수 없지만 이 삶에서 내가 살아 있음을 느꼈고 이 과정에서 내가 훨씬 사는 것처럼 살았다는 생각이 들어요."

── 사랑이 밴 엄마의 손

용기, 희망, 긍정만을 이야기한 것은 아니다. 자신의 고통과 어려움에 대해 담담하게 이야기했다. 수면 센서가 고장난 지 오래되었고 졸립지가 않고 늘 긴장하며 산다. 주기적으로 우울증과 피로감, 두려움에 시달린다는 이야기도 했다. 장애가 있는 아이의 엄마이기 때문에 감내해야 하는 사회적 제약도 만만치 않다. 이 사람이 2016년에 쓴 『사는 게 참 좋다』라는 책 제목이 필자의 눈에는 '사는 게 참 힘들었다'라는 말로 읽히기도 했다. 그래도 지금이 행복하다고 했다.

"삼사십대 생각했던 행복과 육십대에 이른 제가 생각하는 행복은 다른 거 같아요. 그 때도 행복했지만 지금도 행복하다고 생각해요. 이 상태에서 행복은 자기 내면을 들여다보고 가끔 내가 나약하다고 느껴짐으로 인해서 주변에 대한 감사를 하게 돼요. 내가 이렇게 부족하고 약한데 주변에 이런 사람들이 있어서 주변에 대한 감사를 하게 돼요."

예전에는 냉면 위에 마지막으로 올라가는 계란이나 음식의 고명 같은 존재였다면 이제는 녹아 들어서 바탕이 되는 육수 같은 존재, 수많은 면발 중의 한 오라기 면으로 살고 싶다는 말을 했다. 이야기를 마치면서 혹시 꼭 하고 싶었는데 묻지 않아서 못한 말이 있으면 해달라고 했더니 그런 거 없단다.

"이제는 어떤 의도도 갖지 않게 돼요. 예전 방송할 때는 뭐가 더 있었으면 좋았을 걸, 이랬으면 좋았을 것을 하는 마음 때문에 방송이 끝나면 잠을 못 잤어요. 지금 돌아보면 다 욕심이었구나 싶어요. 그냥 흘러가는 대로 자연스럽게. 내가 살아온 만큼 준비된 만큼 드러나는 거라고 생각해요."

이 사람만큼 말 잘하는 사람을 어디에서 볼 수 있을까. 자신이 하고 싶은 말과 상대방이 듣고 싶어 하는 말을 적절히 섞어서 이야기했고, 말을 늘일 대목과 줄일 대목이 어디인지 잘 아는 사람이었다. 머리에서 정리된 말이 아니라 가슴에서 우러나는 말이었다. 한때는 수다가 최고의 무기였던 사람이고 수다의 명예회복을 주장하기도 했다. 그런 모습은 찾을 수 없었다. 많은 것을 내려놓고 많은 것을 포기한 이 사람의 생각은 달관과 체념의 중간 어디쯤에 있는 듯도 싶었는데, 분명한 것은 이 사람의 시선이 아득히 먼 곳을 향하고 있다는 점이다. 현실을 억세게 붙잡고 있는 느낌이 들지 않았다. 폭소가 터지거나 흥이 넘치는 자리는 아니었고 때로는 화제가 무겁다 생각했는데 세 시간 남짓한 시간이 한 순간에 지나갔다.

이야기하는 도중 이 사람 손이 자꾸 눈에 들어왔다. 볕에 그을린 듯한 그 손은 노동하는 사람의 손처럼 보였다. 햇볕 아래서 밭일이라도 했나 싶어서 한번 만져보자고 했다. 호미 쥐고 낫 쥔 손은 아니었다. 알고 보니 둘째아이가 잠을 잘 자지 못할 때마다 오일로 등과 발을 마사지해준다고 했다. 어느 정도 했길래 저렇게 손에 오일이 밸 수 있을까. 오일이 밴 엄마 손이 아름다웠다.

김성구 | 『샘터』 발행인

"지금이 인생의 바닥"…
금수저의 남다른 실패

『샘터』의 제2막에 도전하다

잡지는 이미 오래전부터 적자였다. 단행본에서 얻은 이익으로 겨우겨우 버텨왔다. 출판시장 위축으로 책 판매량은 해마다 줄었다. 급기야 2018년부터 단행본마저 적자로 돌아섰다. 사람을 줄이고 지출을 줄일 수 있는 데까지 줄였다. 분신 같던 대학로 사옥까지 팔았다. 상속세와 양도소득세로 70%를 내고 나니 크게 남는 게 없었다. 90년대부터 매해 3억 원가량 쌓인 적자는 눈덩이처럼 커져갔다. 이러다 직원들 퇴직금도 줄 수 없겠다는 생각이 들었다. 결국 손을 들기로 했다. 『샘터』는 2019년 10월, 연말 통권 598호를 마지막으로 무기한 휴간하겠다고 공지했다. 1970년 4월 첫 호를 발행한 이후 단 한 번도 빠트리지 않았던 『샘터』의 사실상 폐간 선언이었다. 통권 600호 발행과 창간 50주년을 눈앞에 둔 시점이었다.

국내 최장수 교양잡지 『샘터』의 무기한 휴간 소식은 충격이었다. 『샘터』를 이렇게 문 닫게 할 수 없다는 목소리가 이어졌고 많은 사람들의 응원과 지원이 잇따랐다. 후원금과 응원 메시지가 쇄도했다. 신규 구독 신청, 구독 연장 신청이 3000건에 육박했다. 『샘터』에서 영혼의 갈증을 해결하고 목을 축이며 쉬어 간 사람이 한둘이 아니라는 뜻이었다. 휴간을 선언한 지 한 달 만에 『샘터』 발행을 계속하기로 했다. 2020년 2월 통권 600호를 발행했고, 5월에는 창간

50주년을 맞았다. 사람들은 기적이 일어났다고 말한다.

곧 숨이 끊어지는 듯했던 『샘터』는 독자들의 응급조치로 겨우 살아났다. 그렇다고 『샘터』가 완전히 회생한 것은 아니다. 여전히 적자는 계속되고 있다. 위기는 현재진행형이다.

『샘터』는 전설이다. 70~80년대 한 달에 50만 부를 찍었다. 법정, 피천득, 이해인, 최인호, 장영희 교수가 이 잡지에 그 휘황한 글들을 실었고 염무웅, 김승옥, 한강, 정호승, 정채봉이 여기 편집부를 거쳐 갔다. 서울 대학로 상징인 빨간색 『샘터』 사옥을 모르는 사람이 있을까. 평범한 사람들의 행복을 위한 교양지, 『샘터』는 말 그대로 국민 교양 잡지였다.

──── '샘터는 건물이 아닙니다'

『샘터』 이야기로 말문을 열었지만 이 글은 『샘터』가 아니라 『샘터』 발행인 김성구 대표에 대한 이야기다. 금수저라는 말을 단순히 돈 많은 집안에서 태어난 사람이 아니라 제대로 된 문화와 예술의 가치를 보고 배우고 누릴 수 있는 집안에서 태어난 사람을 말한다고 하면 김성구 대표야말로 금수저다.

1960년생, 김재순 전 국회의장의 넷째아들, 80년대 초 5년 반 동안 미국 유학을 했고 『조선일보』 기자를 거쳐 1995년 『샘터』에 들어와 발행인, 대표이사로 일하고 있다. 이 회사 지분의 60%를 소유한 대주주이기도 하다.

7선 국회의원 출신인 김재순 전 국회의장은『샘터』를 창간한 출판문화계의 거목이기도 했다. 아버지가 국회의장을 역임했고 출판계 거목이라 그를 금수저라 부르는 것은 아니다.

그는 어렸을 적부터 아버지 손에 이끌려 피천득을 비롯한『샘터』주요 필자들의 집에 세배를 다녔다. 그때 그가 받은 것은 세뱃돈만이 아니었다. 그는 기라성 같은『샘터』의 주요 필자들을 어렸을 때부터 가까이 접하면서 그들로부터 무릎 교육을 받으며 컸다. 억만금을 주고도 배울 수 없는 귀한 교육이자 진정한 금수저만이 누릴 수 있는 특권이었다. 그는 이 위대한 스승들의 가르침을 기쁘게 받아들인 제자이자 후계자다.

그는 법정 스님, 이해인 수녀, 장영희 교수, 최인호 작가 같은『샘터』주요 필자들의 정신적 유산의 상속자이다. 수필가 피천득 교수의 총애를 받은 양아들 같은 존재이고 정채봉 작가의 대자(代子)이기도 하다.

그가 2018년 펴낸 산문집『좋아요, 그런 마음』을 보면 그가 왜 법정 스님, 이해인 수녀, 피천득 교수, 장영희 교수, 최인호 작가, 정채봉 작가의 정신적 상속자인지 알 수 있다. 그가 2003년부터 2018년까지『샘터』발행인으로 쓴 글을 보면 어디서는 법정 스님의 무소유가, 어디서는 정채봉 작가의 애잔함이, 어디서는 이해인 수녀의 기도가, 또 어디서는 피천득 선생의 정갈함이 묻어난다. 최인호 특유의 그 장난끼마저도 그의 글 곳곳에서 느낄 수 있다. 짧게 한 대목만 인용하면 이렇다.

투사처럼 모순과 악담의 이 세상을 확 뒤바꿔버리고 싶다가도 나무와 바람이 들려주는 소리를 듣다 보면 마음은 다시 고요해지고 세상의 진리, 순리는 여전히 바람처럼 흘러올 것이라는 믿음을 2017년 새해에 갖게 됩니다.

2017년 정초는 수백만 개의 촛불이 전국을 뒤덮고, 수백만 명 분노의 함성이 하늘에 닿을 듯 높던 시기 아닌가. 그럴 때 그는 메마른 나뭇가지와 차가운 바람이 내는 소리를 듣고 있었다. 그가 그때 무슨 생각을 했는지, 그가 원하는 진리와 순리가 무엇인지 모르지만 큰 함성이 아니라 잘 들리지 않는 바람소리에 귀기울이는 자세가 『샘터』의 정신이라고 그는 생각할 것이다. 이 짧은 글 한 대목만 봐도 그가 『샘터』의 2세 경영인을 넘어 정신적 상속자라는 것은 분명하다.

그를 만나러 가면서 이런 질문을 미리 준비해갔다.

야구 경기로 말하자면 본인이 승패가 이미 기운 상황에서 등판한 패전 처리 투수 같다고 생각하지 않습니까? 아직 공 끝이 날카롭고 공의 스피드도 좋고 타고난 몸도 좋지만 자신의 역할이 패전 처리 투수라면 말이지요?
말씀하시는 『샘터』 살리는 방안이란 것이 구태의연하게 느껴집니다. 온-오프라인 연계, 콘텐츠의 활용, 이런 것들은 다른 매체들도 많이 이야기한 거 아닌가요? 그런 것들로 이미 세상을 바꾸고 있는 이 거대한 흐름을 거역할 수 있겠습니까?

『샘터』가 맡고 있는 위기의 원인이 물론 밖에도 있겠지만 본인의 능력 부족 때문이라고 생각하지는 않습니까? 발행인 자리를 다른 사람에게 넘겨줄 생각은 안 했습니까?

이런 질문에 그는 태연하게, 정말 태연하게 답했다. 그동안 쌓인 내공이 간단치 않다고 느꼈다. 한 경지에 이른 도인처럼 넉넉한 표정이던 그가 갑자기 얼굴색을 바꾼 것은 이 질문을 했을 때였다.

2017년 동숭동 『샘터』 사옥 넘기고 여기로 이사 올 때 마음 아프지 않았습니까?

그 멋진 대학로 빨간 『샘터』 사옥을 팔고 그것과 비교하면 너무 초라하고 작은 전셋집으로 이사하는 심정이 비감했을 거 같아 던진 질문이었다. 선대의 가업을 부족한 자신이 망친 거 같아 마음이 많이 아팠다, 뭐 이 정도의 대답을 예상했다. 웬걸 그는 이 질문에 정색하고 나섰다.

"그렇게 말하는 사람들이 있는데 저는 그런 분들에게 이렇게 반문합니다. 『샘터』가 건물입니까? 『샘터』는 건물 아닙니다. 정신, 우리들 마음에 『샘터』가 있는 것입니다. 저를 잘 모르시는 것 같습니다. 저는 큰 집, 좋은 차, 맛있는 거 이런 거에 대한 미련 전혀 없습니다. 그런 거에서 완전히 해방되었다고 할 수는 없지만 그런 것에 대한 부러움은 눈곱만큼도 없습니다. 그런 거는 정말 중요하지 않습니다."

이 대목에서 필자는 당황했다. 그가 '저를 잘 모르시는 거 같다'고 말할 때는 "아. 예… 예… 그렇지요"라며 한순간 말을 더듬기까지 했다. 예상치 못한 그의 격한 반응에 허둥대면서 필자가 갑자기 속물이 된 느낌마저 들었다.

그는 이렇게 말을 이어갔다.

"제가 동숭동에서 여기로 이사 올 때 정작 마음 아팠던 일은 그곳에서 삼십 년 넘게 저희들에게 밥해 주시던 아주머니들과 헤어진 것입니다. (동숭동 시절 샘터사는 국내 출판사 가운데 유일하게 구내식당을 운영하는 회사였다. 직원 숫자가 수십 명에 불과했지만 구내식당을 두고 있었는데 혜화동으로 이사하면서 구내식당을 없앴다.) 그 가운데 한 분은 어머니에 이어 저희 회사에서 2대에 걸쳐 일한 분입니다. 그런 분들과 더 이상 함께 일하지 못하게 된 것이 가슴 아팠지 건물 팔고 셋집으로 이사 온다고 슬펐던 것은 아닙니다. 저는 이게 『샘터』라고 생각합니다. 그런 『샘터』를 제가 언제까지 끌고 갈 수 있을까, 이 마음 그대로 끌고 갈 수 있을까 그게 걱정일 뿐입니다."

　　지난 50년 동안 우리 사회가 적잖은 갈등과 다툼에도 불구하고 여전히 모두가 동의할 수 있는 공동체의 가치를 지켜왔다면 그 공의 상당 부분은 『샘터』의 몫이다. '평범한 사람들의 행복을 위한 교양지'라는 이 잡지의 방향성이 지나치게 소시민적 가치에 매몰되어 있고 구조적인 악의 실체를 가려왔다는 주장도 없는 것은 아니다. 우리 사회의 주요한 정치적 의제들에 대한 『샘터』의 의도된 침묵을 의심스러운 눈초리로 보는 사람들도 많은 게 사실이다.

　　그러나 『샘터』가 유명하고 글 잘 쓰는 사람들만이 아니라 글 솜씨 서투르고 말 어눌하나 마음만은 따뜻한 사람들에게 큰 자리를 변함없이 내주고 있다는 것, 힘들고 어려운 사람들의 벗의 역할을 50년 세월 한결같이 해왔다는 것은 평가받아 마땅하다. 언제부터인가 『샘터』가 한 권의 잡지를 넘어 하나의 상징, 하나의 진영이 된 것도 그런 평가가 있기 때문이다. 그 중심에 김성구 대표가 서 있다.

　　김성구 대표가 지금 인생 최대 위기다. 그의 표현대로라면 인생의 바닥을 보고 있다. 가업인 『샘터』가 망할 지경인데 그에게 이보다 더 큰 위기와 어려움이 또 있을까. 어려움에 처했을 때 사람의 본모습이 드러난다. 물에 빠져 허우적거리는 사람이 언제 체면 차리고 매무새를 따지겠는가. 우리 사회의 한 가치를 공고하게 지키고 대변해오던 사람이 어떤 표정과 자세로 위기를 대면하고 있는지 궁금했다. 그에게 인터뷰를 청한 이유였다.

인터뷰를 하다 보면 상대방이 너무 솔직하게 답을 해서 질문한 사람이 당혹스러울 때가 있다. 김성구 대표가 그런 사람이다. 미국 유학시절 철학을 공부하고 싶었는데 영어가 어려워 포기했고, 동기들에 비해 취재 능력도 부족하고 글 솜씨도 부족해서 신문사를 그만뒀단다. (그가 쓴 글을 보면 이 부분은 솔직한 것인지 겸양인지 잘 모르겠다.) 신문사 그만두고 방송사로 옮기려고 했는데 "너 말 더듬잖아"라는 선배의 말 한마디에 포기했다.

왜 넷째아들인 김 대표가 가업을 이어받았는지 물어보려고 했는데 그가 너무 솔직하게 말할 것 같아 묻지 않았다. 가끔은 궁금하지만 듣고 싶지 않은 이야기도 있는 법이다. 물었다면 그는 분명히 답했을 것이다. 그가 오프 더 레코드를 전제로 말하긴 했지만, 그는 묻지도 않은 가정사의 일부분을 숨김없이 털어놓기도 했다.

사람이 거짓말을 하거나 속이는 데 이유가 있듯이 자신의 속을 털어놓는 데도 다 그만한 이유가 있다. 그는 왜 그리 솔직한 것일까.

사람들이 자신을 방어하는 데는 크게 보면 두 가지 방법이 있다. 첫째는 갑옷으로 무장하는 방법이다. 필요하다면 거짓말이나 위선도 동원한다. 뻔뻔함은 기본이다. 둘째는 자신이 남을 해치지 않을 것임을 보여주는 것이다. 상대방을 공격할 비수를 품지 않고 있다는 것, 자신이 비무장이란 것을 확인시켜주는 것이다. 그러기 위해 자신의 모든 것을 열고 속을 있는 그대로 보여주는 것이다. 김성구의 솔직함은 자신을 방어하려는 일종의 본능 같은 것이가 하는 생각이 들었다.

그는『샘터』의 편집 방침으로 이런 말을 한 적이 있다. 첫째, 다른 사람 공격해서 상처 주지 말자. 둘째, 나의 자존심이 중요한 만큼 남의 자존심도 중요하다. 다른 사람의 자존심을 존중하자.

필자는 이 대목에서 그의 아버지 김재순이 떠올랐다. 남에게 공격받고 싶지 않다는 것은 혹시 아버지 때문에 생긴 일종의 트라우마 같은 것은 아닐까. 아버지는 문민정부 시절 토사구팽(兎死狗烹)이라는 말을 남기고 정계에서 불명예 퇴진했다. 오랜 친구이기도 한 김영삼 대통령의 당선을 위해 헌신했지만 김재순은 YS에게 버림받았다. 재산 형성에 문제가 있는 거 아니냐는 언론의 집중포화를 견디지 못했다. 그 수모와 충격을 김재순은 평생 잊지 못했다. 오죽했으면 YS가 타계했을 때 조문조차 가지 않았을 정도였다.

숲에서 막 뛰쳐나온 범 같은 인상이던 김재순 전 국회의장인지라 자녀교육이 엄격하지 않았을까 싶었는데 전혀 그러지 않았단다. 모든 일을 자녀들 판단에 맡겼단다. 아들에게 경영을 맡겼지만 김재순은 타계하기 직전까지도 동숭동 샘터사에 정기적으로 출근했다. 김성구는 아버지가 경영에 관여하지 않았다고 하면서도 어떤 대목에서는 많이 싸웠다고 말했다. 아버지는 존재 자체로 버겁지 않았을까?

자신의 삶에 아버지가 거의 관여하지 않았다고 강조하면 할수록 아버지의 그늘은 더 짙어지는 것은 성공한 아버지를 둔 아들의 숙명 같은 것이었다. 아버지가 자신의 인생에서 끼친 영향을 부인하지 않으면서도 그는 아버지의 그늘에서 벗어나려는 몸부림을 그치지 않는 듯했다. 인간 김성구, 개인 김성구에게 화제를 집중하려 했지만 우리들의 대화는 가끔 '김재순'이라는 강력한 구심력에 끌려가듯 김성구를 벗어나 김재순으로 돌아가곤 했다. 아버지 김재순을 빼고는 김성구의 삶을 논하기 어려웠다.

─── 보수의 미덕, 금수저의 진면목

그와의 인터뷰는 가급적 40분은 넘기지 않으려고 했다. 바쁜 사람 오래 붙잡지 말자는 생각이었다. 그런데 오전 10시에 시작한 인터뷰는 100분이 지나 서둘러 마무리됐다. 질문도 많았지만 그 역시 할 말이 많아 보였다. 최근 이러저러한 매체와 인터뷰를 많이 했지만 그것은 『샘터』와 관련된 것이었지 김성구에 대한 인터뷰는 아니었다. 그에게는 누군가 그의 말을 들어줄 사람이 필요해 보였다. 그것이 그에게 줄 수 있는 최선의 위로일지도 모르겠다. 어쨌든 그는 할 말이 많아 보였다. 그 할 말이라는 것이 변명은 아닌데 어떤 식으로든 자신의 입장, 생각을 밝히고 싶은 듯했다. 인생의 가장 어려운 시기, 바닥에 있기 때문일 것이다.

그런데 누가 그에게 묻겠는가? 직원들에게 털어놓을 수도 없을 것이다. 어쨌든 그는 『샘터』라는 조직 안에서 절대권력을 쥐고 있는 사람이다. 그러니 조직 안에서 그는 또 하소연을 들어주어야 하는 사람이다. 그는 기자와 출판인으로 33년을 살아온 사람이다. 자신의 말이 어떻게 잘려지고 구부려지고 쪼개지고 앞뒤가 바뀔 것인지

모를 리 없다. 그런데도 불구하고 그가 인터뷰 요청에 응한 것은 쏟아내고 싶은 말이 많기 때문이었을 것이다.

금수저라고 좌절과 시련이 없을 리 없다. 금수저이니 실패와 좌절이 더 뼈아플 수 있다. 대학 입시에 실패했고 기자 생활도 성공과는 거리가 멀었다. 유학 생활은 최선을 다해 전력 질주한 시절로 기억되지만 그렇다고 성공담을 자랑할 정도는 아니었다.『샘터』에 들어온 이후에도 사실은 악전고투의 연속이었다. 믿었던 직원에게 배신을 당해 회사가 휘청했고, 경영상의 위기로 정든 식구들을 절반 이상 내보내야 했다. 선대의 유산이자 우리 사회의 추억의 명물인『샘터』 사옥을 남의 손에 넘긴 것이 자랑일 순 없는 것이다. 잠시나마 폐간을 검토할 만큼 회사 사정이 어려운 것의 가장 큰 책임은 역시 대주주이자 대표이사인 그에게 있다.

바닥을 다졌으니 이제는 어디로든 튀어 오를 일만 남았다고 말하는 사람에게 농담으로라도 바닥 밑에 지하 있습니다라고 할 수는 없었지만 과연 그가 본 것이 바닥인지, 그래서 이제 튀어 올라가는 일만 남은 것인지 누구도 알 수 없는 일이다.

그가 극적으로 9회 말 역전승을 거두고 승리투수가 될 수도 있지만 – 그러기를 진심으로 바라지만 – 그러지 않을 수도 있다. 우리 사회의 금수저란 사람들은 이길 때도 그리 아름다워 보이지 않았지만 질 때는 더 지저분하게 굴었다.『샘터』 사옥을 팔고 퇴각할 때 김성구의 모습이 추라해 보이거나 지저분하지 않았다. 매각을 추진하면서도『샘터』 사옥을 돈벌로만 보려는 사람들에게 팔지 않겠다고 선언했다. 돈 몇 푼 더 받고 덜 받고의 문제가 아니라고 했다.

성공과 실패는 최종 결과가 아니라 하나의 과정일 뿐이라는 것을 그는 잘 알고 있는 듯했다. 성공했다고 반드시 좋은 평가를 받는 것도 아니고 실패했다고 나쁜 평가를 받는 것도 아니다. 김성구 대표의 삶은 악전고투였고 앞으로도 그럴 가능성이 크지만, 그는 그런 과정 하나하나에서 의미를 찾고 행복을 만들어왔고 아마 앞으로도 그럴 것이다. 그런 그를 만나면서 어쩌면 이런 모습이 보수의 진면목인가 하는 생각이 얼핏 들었으나 그에게 어떤 이념의 딱지를 붙이는 것은 불필요해 보였다.

김성구 대표를 어렸을 때부터 잘 아는 지인이 이렇게 말했다. 흙수저들은 알기 어려운 금수저들만의 미덕이 있는데 김성구가 그런 미덕을 갖고 있다는 것이다. 그 지인의 말이 맞는 듯한데 최종 평가는 아직 이르다. 아직도 그에게는 혹독한 시련의 시간이 더 남아 있고 그 시간을 다 겪은 후에도 그의 모습이 달라지지 않을지는 더 지켜볼 일이다.

삐딱한 수컷, 목놓아 울다

무엇에도 길들여지지 않는 작가

그의 매력은 수컷의 매력이다. 전혀 길들여지지 않은 수컷의 매력이다. 그의 아버지도 그의 어머니도 그를 길들이지 못했다. 학교도 신문사도 그를 길들이지 못했다. 대학은 2년 만에 때려치웠고 신문사도 몇 번이나 걷어차고 나왔다. 종교도 그를 길들이지 못했고 사나운 권력도 그를 길들이는 데 실패했다. 그를 길들인 게 있다면 가난과 밥벌이의 고단함이다.

─── 남의 우리 안에서도 나의 룰로 싸운다

2015년 10월 그가 책 한 권을 들고 JTBC 〈뉴스룸〉에 출연했다. 김훈은 두 팔꿈치를 탁자 위에 올리고 상체를 앞으로 구부정하게 굽힌 자세로 말을 이어갔다. 방송에서 보기 드문 자세였다. 방송 경험이 많은 사람도 생방송이 진행되는 뉴스 스튜디오에 들어가면 긴장한다. 각종 조명 장치와 카메라와 방송 장비가 가득한 스튜디오는 일반인들이 좀처럼 접할 수 없는 낯선 곳이다. 여기에 생방송에서 자칫 실수라도 하면 큰일이라는 생각이 더해지면 출연자들은 긴장하고 몸이 굳어진다.

뉴스 스튜디오에 들어서는 순간 출연자는 포로가 된다. 정확히는 방송 진행자, 뉴스 앵커의 포로가 된다. 뉴스 스튜디오 안에서 그의 편은 아무도 없다. 출연자는 아무런 선택권도 없다. 앵커가 묻는 말에 답하는 수동적인 존재로 전락한다. 방송이 어떻게 진행되는지, 자신의 모습이 어떻게 화면에 비치는지 알 수 없고 이를 살피거나 따질 여유도 없다. 당장 눈길을 어디에 둬야 될지, 손은 어떻게 해야되는 건지 당황스러울 뿐이다. 누가 그런 것을 가르쳐주지도 않고 가르쳐줘도 이해하지 못한다.

이때 앵커가 손을 내밀면 그 손이 구원의 손처럼 느껴진다. 그 손을 잡는 순간 그는 무장해제 된다. 이제 전적으로 앵커에게 의존할 수밖에 없다. 앵커가 말하는 대로, 요구하는 대로 따른다. 뉴스 앵커의 힘이 여기에서 나오고 방송사의 권력이 여기에서 시작된다.

그날 김훈은 전혀 긴장하지 않았다. 긴장이란 남의 시선을 의식할 때 생기는 것인데 그는 사람의 눈이건 카메라의 눈이건 전혀 개의치 않았다. 그의 구부정한 자세는 그가 긴장하지 않았다는 표시이자 내가 당신들의 포로가 아니라는 선언이었다. 뉴스 스튜디오에서는 이래야 한다는, 눈에 보이지 않는 요구를 '내가 왜 그래야 하는데'라며 삐딱한 동작 하나로 단호하게 거부해버렸다.

손석희는 출연자를 좌로 돌리고 우로 메치며 뉴스를 장악하는 재주가 특출난 사람이다. 뉴스 스튜디오 안에서 모든 것을 지휘하며 그 자신이 곧 뉴스가 되어버린다. 그날은 달랐다. 출연자를 손아귀에 쥐려는 그의 몇 번의 시도는 별 성과 없이 끝났다. 손석희는 비실거리며 자주, 헤프게 웃었다. 전혀 길들여지지 않은 수컷 앞에서 잘 길들여진 수컷이 꼬리를 내렸다. 두 사람의 대결은 싱겁게 승부가 갈렸다. 김훈의 그 뻬딱한 자세 하나로 모든 것이 결정되었다. 김훈은 남의 우리 안에 들어와서도 자기의 룰로 싸우는 사람이다.

―――― 불화와 고립을 두려워 않는다

1973년『한국일보』에 입사한 이후『TV저널』『시사저널』『국민일보』, 다시『한국일보』, 다시『시사저널』『한겨레』를 전전했다. 스무 번 사표를 냈고 여섯 번 직장을 바꿨다. 사표를 낸 이유는 늘 똑같았다. 동료들과의 불화 때문이었다. 후배일 때는 선배와 불화했고, 선배일 때는 후배와 불화했다.

그는 불화의 원인은 전적으로 상대방에게 있었다고 말했다 (2002년『월간조선』오효진 인터뷰). 자신의 잘못은 전혀 없고 남들이 다 잘못했다는 것인데, 그가 혈기방장했고 유난히 위악을 떨던 시절의 주장이라 지금도 그리 생각하는지는 알 수 없다.

그의 불화는 길들여진 자들과 길들여지지 않은 자 사이의 불화였고 그는 갈등을 견디질 못했다. 아니, 견디지 않았다. 그는 수시로 때려치웠고 걸핏하면 사표를 던졌다. 그나마 언론사였으니 그의 야생성을 조금이나마 인정했을 것이다. 만약 그의 어렸을 때 희망처럼 전자회사에 들어가 생산라인을 관리하는 임원이 되었더라면 그의 인생은 지금보다 훨씬 더 허랑방탕해졌을 것이다.

장명수 전『한국일보』사장같이 품이 넓고 그의 재능을 높이 평가

해준 선배를 만난 것이 인생의 지복이었다. 장명수는 김훈이 무슨 큰 상을 받는 자리에 참석해 축사하면서 김훈은 비상한 문장만큼이나 생각과 행동도 비상한 후배였다고 회고했다. 말이 좋아 비상한 생각과 행동이었지, 사실은 함께 일하기 힘든 고약한 후배였다는 말을 그렇게 에둘러 표현한 것일 텐데 그런 장명수를 김훈은 "나를 가슴에 품고 젖을 먹이면서 길러준 분"으로 기억하고 있다.

2004년, 이제는 제목만으로도 전설인 『한국일보』「문학기행」 연재기사를 책으로 묶어내면서 김훈은 장명수에 대한 고마움을 그답지 않은 나긋나긋한 언사로 적어내고 있다. 4쪽 정도의 짧은 서문에서 장명수란 이름을 여섯 번 부르고 장 선배, 장 부장이란 말은 열 번이나 적었다. 장명수는 이를 자랑해도 좋을 것이다.

저자의 눈이 불량기가 있으니 기자 할 만하다며 고졸인 김훈을 받아준 『한국일보』 창업주 장기영이 김훈을 기자로 입문시켰다면, 저자가 행동과 생각은 괴팍하나 문장만큼은 비상하다며 그에게 기회를 주고 판을 깔아준 장명수는 그를 기자로 완성시킨 사람이다. 장기영이 그를 알아보았고, 장명수는 이 거친 준마를 다룰 줄 알았다. 두 명의 장씨가 우리 시대 최고 문장가를 만들었다.

그러나 모든 사람이 장기영이나 장명수 같을 리 없었다. 그는 어느 회사에 있든 "조직 내의 섬 같은 존재"였다. 다른 사람에게 다가가려 하지 않았고 남이 다가오는 것도 달가워하지 않았다. 혼자 밥 먹기를 두려워하지 않았다. 아니, 혼자 있는 것이 더 편하고 더 좋았단다. 그의 지인의 말을 빌리면 그는 "혼자 놀 때 깨가 쏟아졌다".

그는 자신을 묶어두고 길들이려는 모든 시도에 대해 적대감에 가까운 경계심을 보였다. 그를 '관계'로 묶어두려는 사람들을 의심했고, '제도'의 틀 안에 갇혀 있는 것을 못 견뎌 했고, 무엇보다 '연대'라는 명분을 앞세워 무리 짓기를 일삼는 자들을 경멸했다.

"나는 쫓겨나고 제외되고 고립되는 것을 전혀 두려워하지 않아요. 누가 나를 욕한다고 해서 고유한 내 자신의 가치가 훼손되는 것도 아니에요. 반대로 내 편이 많다고 해서 아늑함을 느끼거나 든든함을 느끼지도 않아요." (2019년 9월, 고려대 강연에서)

─── 깃발을 혐오하는 자가 집회 마이크를 잡다

지난 4월, 그가 길바닥에 주저앉아 배달 노동자들의 목소리를 받아 적고 있었다. 단돈 몇천 원을 더 벌기 위해 신호를 무시하고 목숨을 담보로 잡힌 채 하루하루를 살아야 하는 사람들의 사연을 취재하고 있었다.

코로나 와중에 건강이 좋지 않아 수시로 병원을 오가던 때였다. 그의 취재는 1인당 국민소득 3만 달러 시대에 오히려 더 구조화되고 토착화되고 있는 빈곤문제를 지적하고, 눈비 오는 날에 고작 100원을 더 주면서 이들에게 목숨을 걸라고 우리 사회가 요구해도 되는 거냐고 묻는 기사로 이어졌다.

그는 '생명안전시민넷'이라는 시민단체 공동대표로 활동 중이다.

청년들 일하는 데 이름만 빌려준 거라지만 그의 삶에서 이런 일은 초유의 일이다. 『한국일보』에 갓 입사한 올챙이 기자 시절 "나는 일체의 깃발을 혐오하는 자다"라고 호기롭게 선언한 이후 어느 단체나 조직에 소속된 적이 없던 그다.

그가 시민단체 집회에서 마이크를 잡았다는 이야기를 들었을 때 지인에게 정말이냐고 몇 차례나 물었다. 유튜브 동영상을 통해 그의 모습을 확인하고서도 좀처럼 실감이 나지 않았는데 그가 참여한 집회는 재난사고·산업재해 피해자 가족들과 함께한 자리였다. 그는 이 자리에서 이렇게 말했다.

"우리 사회는 이 일이 왜 일어나고 있는지 다 압니다. 모르는 사람이 아무도 없습니다. 이 문제를 어떻게 하면 해결하느냐에 대한 방안은 이미 나와 있습니다. 어디로 가면 문제가 해결되는지 갈 길이 뻔히 보이는데 그런데 우리는 그 길로 가지 않습니다. 그 길로 지금 가자는 것입니다. 이렇게 간단한 이야기를 오늘 이 자리에서 하는 것입니다." (2019년 5월 7일, 청와대 앞 시위에서)

최근 2~3년 사이 일용직 건설 노동자를 비롯한 몸으로 일하는 사람들에 대한 그의 발언 수위와 빈도와 집요함은 놀랍기도 하고, 의아하기도 하고, 때로는 낯설다. 깃발을 들고 선봉에 서고 무리를 짓는 것은 그에게 어울리지 않는 일처럼 보여기 때문이다. 누구는 이런 그를 두고 보수에서 진보로 뒤늦게 개종한 거 같다고도 했고, 어느 독설가는 김훈이 고상하게 진보의 위선에 침을 뱉는 것이라고 해석하기도 했다.

2007년 도올 김용옥이 "김훈은 언어에 집착하는 나머지 사회의식이 박약한 거 아니냐는 비판이 있는데?"라고 물었을 때, 김훈은 분명히 이렇게 대답했다.

"사회의식? 그 무슨 말라빠진 사회의식입니까? 돈 많은 사람들이 존경받는 사회를 만들어주고 그들로부터 세금을 뜯어내는 것이 나은 겁니다. 저는 인간의 바탕은 개별적 존재라고 생각합니다. 인간은 사회적, 공동체적 존재라는 전제하에서 주장되고 있는 모든 가치가 개별적 존재 속에서 구현되지 않으면 공허한 것입니다."
(2007년 4월, 『중앙일보』)

불과 몇 년 전까지 그는 조금도 머뭇거리지 않고 이렇게 말하곤 했다. 폭력과 악이야말로 세계의 근본적 바탕이라고, 약육강식의 법칙을 벗어나려는 일체의 시도가 실패했다고, 약육강식의 제도는 어쩔 수 없는 것이라고, 그러니 도덕 따위 운운하지 말라고 말이다.

그랬던 그가 이제 참혹하게 죽은 사람들의 영정 앞에서 소리 내 운다. 모든 깃발을 혐오한다던 그가 연대의 깃발을 들고 핍박받는 자들과의 연대를 촉구한다. 세월호 희생자들에게 바치는 그의 글은 이 시대 명문 중의 명문이지만 공사 현장에서 떨어져 숨진 일용직 노동자들을 애도하는 그의 조사는 글을 넘어 아예 통곡이다.

아버지가 죽었을 때도 눈물 한 방울 흘리지 않던 그가 이 초라한 죽음들 앞에서 통곡을 한다. 목을 놓아 운다. 대통령님, 총리님, 국회의장님, 검찰총장님의 소맷자락을 잡고 통곡한다…. 재벌 회장님, 전무님, 상무님, 추기경님, 종정님, 보수 논객님, 진보 논객님의 바짓가랑이를 붙잡고 운다. 아이고, 아이고 목놓아 운다. 제발 살려달라고, 이 가여운 목숨들 제발 살려달라고 땅을 치며 울고 떼굴떼굴 뒹굴면서 운다. (2019년 11월 25일, 「김훈, 죽음의 자리로 밥벌이 간다」, 『경향신문』참조)

세상의 근본 바탕은 폭력과 악이라며 짐짓 야만을 당연시하던 김훈이 이렇게 운다. 세상은 약육강식의 법칙이 지배하는 것이라고, 약한 자는 먹히고 강한 자가 먹는 것은 빼도 박도 못할 운명이라고 태연히 말하던 그가 이렇게 서럽게 운다.

─── 무엇이 그를 울게 만들었을까

무엇이 이 초라하고 작은 죽음 앞에서 그를 울게 만들었을까. 그에게 그 이유를 듣고 싶었으나 그는 물을 기회를 주지 않았다. 그는 인터뷰 요청을 다소 퉁명스럽게 거절했다. 그나마 전화로 거절하는 이유를 설명해준 것을 고마워해야 할지도 모르겠다. 중간에서 말을 넣어준 사람의 얼굴을 봐서 그랬을 것이다.

그는 느리고 낮은 목소리로 말 중간중간을 끊어가면서 거절의 이유를 설명했다. 말을 하는 것이 아니라 한 자 한 자 읽는 거 같았다.

"책이 나와서… 신간이 나와서… 신간 관련해서는 인터뷰를 하지 않으려고 합니다. 신간이 나와 있는 동안은 제가 매체에 나오는 것이 적절치 않다고 생각해서 당분간 안 하려고 합니다. 신간이 서점에서 사라지면, 독자들의 생각에서 잊혀지면, 그때 인터뷰를 하려고 합니다. 책의 기운이 없어진 다음에 인터뷰를 하겠습니다."

한 번 더 생각을 해주실 수 없느냐, 신간에 대한 인터뷰가 아니다, 당신이 신간을 냈는지 어땠는지 별 관심이 없다, 당신의 문학이 아닌 당신의 삶에 대해 관심이 있을 뿐이라고 말하려고 했으나 그의 목소리를 두 번 세 번 반복해서 듣고 나니 그러고 싶은 마음이 싹 사라졌다. 그의 거절은 단호해서 재고의 여지를 남기지 않았다.

어느 매체와도 인터뷰를 하지 않겠다던 그가 기자간담회를 하기로 한 것은 출판사 대표를 비롯한 주변 사람들의 간곡한 요청 때문이었다. 사람 사는 일이란 내 주장만 고집할 수 없는 일이라고 생각했단다.

서울 마포 합정동 기자간담회장에 한 노인이 들어섰다. 어깨가 구부정했다. 40여 명의 기자가 그를 기다리고 있었다. 모자를 눌러 쓰고 헐렁한 셔츠를 입은 그가 노란 메모지를 보면서 신간에 대한 이야기를 시작했다.

그의 발언 도중 잘 안 들린다는 기자들의 항의가 잇따랐는데 그것은 음향 시설이나 마이크의 문제가 아니었다. 자신의 말을 듣는 이에게 분명하게 전달하겠다는 의지 자체가 없었다. 그는 마지못해

이 자리에 나왔다는 것을 그렇게 표현했다. 물론 쇠잔해진 기력 탓일 수도 있겠다.

그의 발언이 끝나고 기자들의 질문이 이어졌다. 그는 다른 사람에게 시선을 거의 주지 않은 채, 마치 자기 스스로에게 말하는 것처럼 답했다. 그의 말하는 속도가 글 쓰는 속도와 비슷할 것이라는 생각이 다시 들었다. 기자들이 그에게 무엇을 어떻게 물어야 할지 난감해하는 듯했다.

그가 답을 하는 동안에 기자들의 컴퓨터 자판 소리가 중간중간 끊겼다. 그의 말을 잘 못 알아듣고 있다는 의미였다. 말이 어렵기도 했지만, 발음 자체가 명료하지 않았다. 대여섯 명쯤 질문을 한 뒤 누군가가 선생님 힘드시니 그만하자고 했다. 그 제안에 반대하는 사람은 없었다.

━━━ 고맙다는 말을 이렇게 많이 하는 어른

가까운 거리에서 그를 오랫동안 지켜본 사람들은 한결같이 그가 따뜻하고 다감한 사람이라고 말한다. 나이가 많든 적든, 지위가 높든 낮든 누구에게도 말을 놓지 않는 예의 바른 사람이라는 증언 역시 공통된다. 먼저 사람을 찾지는 않지만 오겠다는 사람, 특히 후배들은 막지 않는다는 말은 다소 뜻밖이었다. 자기 글에 대한 자부심이 넘쳐서 단 한 글자도 손대지 못 하게 할 것 같은데 전혀 그렇지 않단다. 같이 일하기 편한 작가, 신뢰할 만한 작가라는 말도 생각

하지 못한 평가였다.

"책 편집 때문에 열 번 전화해도 백 번 전화해도 귀찮다 하지 않고 다 받으세요. 저희들이 말하는 것을 흔쾌히 수용하세요. 고맙다는 말을 이렇게 많이 하는 어른을 본 적이 없어요. 전화를 할 때마다 고맙다는 말을 몇 번이나 하시는지 모르겠어요. 마음이 차가운 사람이라면 이럴 수 있을까요?"(소설『남한산성』편집자 A씨)

초등학교 다니는 지인의 딸에게 마흔여덟 가지 색깔의 크레파스를 선물하는 따뜻함이 있고, 오래 다니던 회사를 그만두고 새 출발을 하는 후배의 사무실을 불쑥 찾아 격려하는 말 많지 않은 아버지 같은 자상함도 있다.

이런 사람들에게 요 몇 년 새 노동문제에 대한 그의 관심과 행동은 느닷없는 일이 아니다. 원래 가지고 있던 소외되고 연약하고 보호 받지 못하는 우리 사회 약자에 대한 관심이 조금 더 확대되고 강화되었을 뿐이라는 것이다. 측은지심의 확대일 뿐 새로운 운동의 시작도, 진보로의 개종도, 진보에 대한 우아한 야유도 아니라는 것이다.

그의 적잖은 인터뷰 가운데 묻는 자와 답하는 자의 균형이 잡힌 것은 손에 꼽을 정도다. 2002년『칼의 노래』로 동인문학상을 받고 난 뒤 오효진과 가진 인터뷰, 또 하나는 2014년 전직 기자들과 가진 질문과 답변이 그런대로 균형이 맞는 인터뷰다.

다른 많은 인터뷰에서 묻는 자들은 답하는 자의 위광에 지레 겁을 먹고 그의 눈을 제대로 마주보지 못하고 주눅들어 받아 적기 바쁜 기색이 역력했다. 그는 때로는 거만한 황제처럼, 때로는 게으른 교주처럼 답을 흘렸다. 그가 흘린 답을 묻는 자들이 주워 담기 급급했다.

자유인의 냄새, 퇴폐적인 수컷의 냄새가 물씬 풍기는 그는 교주가되기에 딱 좋은 자질을 갖추고 있다. 김훈의 왕국에서 그를 교주처럼 떠받들며 그의 신민으로 살겠다는 사람이 적어도 수만 명은 될것이다. 잠재적인 교도들의 존재조차 거추장스럽게 여기고, 교주가돼 달라는 그들의 애원을 애써 무시하던 그가 새삼 이름을 탐하거나 명예를 얻기 위해 깃발을 들고 나섰을 리는 없다.

"나는 되고 싶은 게 별로 없어요. 사후에 기억되고 싶은 욕심도 없어요. 그런 목표 자체가 없어요. 글을 통해 여론을 형성하겠다는 목표, 그런 허영심이 없어요. 나의 논리 앞에 남을 대령시키려는 의도가 없어요. 말을 가지고 남과 정의를 다투려는 의도가 없어요. 그저나 자신을 표현하고 싶을 뿐이에요. 그것이 내가 글을 쓰는 이유의전부예요." (2014년 10월, 한국언론문화포럼에서)

돈은 얼마든지 줄 테니 광고 한 편 찍자는 제안을 받고 100억 원주면 찍겠다는 말로 거절했다. 그것도 한두 번이 아니다. 이 자리 저자리 맡아달라는 여, 야 정치권의 구애에 대해서는 콧방귀도 뀌지 않았다. 칭찬 들어 마땅한 일을 해놓고도 전혀 티를 내지 않는다. 대대로 한양 하고도 사대문 안에서만 살았다는 것을 은근히 자랑하는 귀족주의의 옅은 흔적이 그런 데서 보이기도 한다.

——— 가난이 길들인 그, 이제 세월이 가르치는 건지

완고하고 뻣뻣하기만 하던 그가 수굿해졌다. 예를 들면 그의 이런 말은 얼마나 낯선가?

"친절한 사람이 되는 게 목표고, 죽은 뒤에 친절했던 사람으로 기억되고 싶습니다." (2015년, 『신동아』 김호기와의 인터뷰에서)

그는 소설 『달 너머로 달리는 말』에서 돈몰(沌沒)이란 단어를 썼다. 나이 든 노인이 새벽에 강물을 따라 어느 날 문득 조용히 사라지는 것, 아무것도 남기고 싶지 않다는 것이다.

왕은 별이 맑으니 새벽바람을 쐬러 가자고 말했으나 쪽배를 타고 나하가 닿는 하구 쪽으로 스스로 사라지려는 것이었다. 오래전에 끊긴 돈몰(沌沒)의 풍속을 따라 왕은 나하 하구 명도에 자신의 백골을 버릴 작정이었다.

그가 꿈꾸는 삶의 마지막이 '돈몰'일 텐데 거기에 이르기 전까지 그는 관념이 아닌 삶의 실체, 구체적 일상을 가지고 놀고 싶은 모양이다. 오랫동안 생각을 가지고 놀던 그가 이제 사람의 몸에 희망이 있다는 것을 말하고 싶다는 것이다.

무엇을 더 쓸 작정이냐는 물음에는 "여생의 시간을 아껴서 사랑과 희망, 인간과 영성, 내 이웃들의 슬픔과 기쁨, 살아 있는 것들의 표정에 관해서 말하고 싶"단다. (2020년 6월 16일, 기자간담회에서)

수컷에게는 수컷의, 암컷에게는 암컷의 본성이 있고 그 본성을 따르는 것은 극히 자연스러운 것이라는 생각이나 자신의 슬픔과 아픔을 남에게 드러내고 보이는 것은 못난 자들이나 하는 짓이라는 생각은 지금도 크게 달라지지 않았을 것이고, 그런 점에서 그는 완고한 보수주의자이다. 노동문제에 대한 그의 각별한 관심 역시 약자에 대한 연민과 동정에 뿌리를 두고 있는 것이지 노동자의 당연한 권리를 회복하기 위한 '운동'은 아니다. 올해 일흔세 살, 이제 노년의 지경에 이른 그에게 사고의 변화를 기대하기도 어려울 것이다.

노년으로 접어들면서 아픈 거야 당연한 거고 육친을 보내는 아픔도 피할 수 없는 일일 텐데 그런 일 겪으면서 김훈은 사는 일의 경건함을 자주 생각하나 보다. 경이로운 생명들이 돈 몇 푼 때문에 어이없고 비참하게 스러지는데 그 죽음 앞에서 우는 이 적고 그런 죽음 막자고 외치는 사람이 없으니, 그 죽음 앞에서 나라도 울고 그 죽음 막는 일에 나라도 나서야겠다고 생각하는 모양이다.

그는 지금 어떤 강을 건너고 있다. 강의 저쪽과 이쪽은 바로 지척인 듯 보이지만 사실은 근본적인 거리다. 약육강식은 어쩔 수 없는 현실이라고 말하는 것과 약육강식의 제도화·토착화만은 막아야 한다고 말하는 것은 하늘과 땅만큼이나 다른 이야기다. 그의 말과 행동이 어디까지 나아갈 것인지 지켜볼 만한데, 분명한 것은 가난이 그를 길들였다면 이제 세월이 그를 가르치고 있다는 것이다.

김미숙 | 김용균재단 이사장

'용균이 엄마'를 넘어
'노동운동가 김미숙'으로

가슴에 묻은 아들 위해
세상으로 나서다

자랑할 게 없는 삶이었다. 오직 아들만이 자랑이었다. 그 아들이 죽자 모든 게 바뀌었다. 이 사람이 세상을 바라보는 시선이 바뀌었고, 이 사람을 바라보는 사람들의 시선이 달라졌다. 어떤 사람에게는 때로 가난과 고통도 자랑이다. 이 사람은 그렇지 않다. 자신의 가난한 삶과 고통을 굳이 말하고 싶지 않은 표정이었다. 과거에 대한 기억은 선명하지 않았고 공백처럼 남아 있는 부분도 있다. 자신의 삶을 드러내는 것이 부끄러울 것도 없지만 그리 내세울 것도 아니라고 생각하는 듯했다.

충북 영동에서 태어났다. 호적상으로는 1970년 출생이지만 실제는 1968년생이다. 할아버지, 할머니까지 3대가 사는 집안의 여섯 남매 중 둘째였다. 유일한 남동생이 고3 때 불의의 사고로 세상을 떠난 것말고는 평범한 유소년 시절을 보냈다. 쇠꼴 베고 나무하고 논에서 피 뽑은 이야기, 남자아이 여자아이 할 것 없이 동네 아이들과 어울려 논 이야기, 상급학교 진학을 일찍 포기한 사연 등은 그 또래 사람들에게는 흔한 이야기다. 어려운 집안 형편 때문에 10대 후반의 나이에 공장에 취업한 이야기까지 포함해서 말이다.

어렸을 때 이사장님 꿈이 뭐였습니까.

"꿈 같은 것은 딱히 없었고 평범하게 잘 살자는 생각이었어요. 어떤 직업이 나에게 잘 맞는지도 모르겠고 그냥 주어진 대로 살았던 거 같아요. 많이 배우거나 그랬으면 진로 방향이나 이런 선택지가 있었을 텐데…."

첫 직장으로 경북 구미에 있는 섬유공장에 취업한 이후 30년 동안 모두 세 곳의 직장을 옮겨 다녔다. 전문적인 기술이나 지식을 요구하는 업무는 아니었다. 하루에 12시간씩 서서 일하기도 했고 수당을 한 푼이라도 더 받기 위해 한 달에 120시간씩 잔업을 하기도 했다. 그래도 회사가 잘돼야 내가 잘된다는 생각을 하며 살던 시절이었다. 첫 월급이 12만 원, 한 달 용돈으로 5000원만 쓰면서 돈을 아껴 시골에 있는 부모님을 도왔다. 그런 딸을 아버지는 안쓰럽고 고맙게 생각했다. 이 역시 그 시절에 흔한 이야기다. 같은 공장에서 만난 동료와 스물여섯 살에 결혼을 했고 아들 하나를 낳았다. 그 아들이 김용균이다. 아이 욕심이 많아 자식을 더 낳고 싶었지만 집안 형편이 넉넉하지 않아 그러지 못했다.

스스로 책임감이 강하다고 했다. 다른 사람들이 놓친 불량을 잡아내 상사에게 칭찬을 듣고, 우수사원으로 뽑힌 이야기는 이 사람의 성실성이나 능력을 보여주는 대목이긴 하나 이 역시 예외적인 스토리는 아니다. 회사를 세 군데 옮겨 다녔지만 노동조합이 있던 곳은 한 군데도 없었다. 노동조합의 '노'자도 모르고 살았다. 특별히 지지하는 정당도, 정치인도 없었다. 정치는 TV에서나 나오는 딴 세상 일이라고 생각했다. 선거 때가 되면 마지못해 투표했고 몇 번은 아예 기권했다.

남편이 10년 전 심근경색으로 죽을 고비를 넘긴 이후 김미숙이 사실상 가장 역할을 했다. 전셋집을 전전했지만 돌이켜보면 행복한 시절이었다. 남편은 자상했고 외아들 용균이는 '딸처럼 애교 많은' 아들이었다. 겉으로만 보면 억압당한 기억도, 저항의 기억도 그리 없다. 가난의 기억이 이 사람의 멱살을 틀어쥔 것 같지도 않다. 과거의 삶만 봐서는 지난 2년 동안 이 사람이 보여준 극적인 변화를 설명하기 어렵다.

——— '우리 아들, 범죄자처럼 모자이크 처리 하지 마라'

지난 2018년 12월 14일, 이 사람이 서울 SBS 본사 뉴스 스튜디오에 나타났다. 아들이 숨진 지 사흘이 지난 시점이었다. 검은색 상복이 아니라 티셔츠를 입고 나온 것부터가 예사롭지 않았다. 난생처음으로 방송에 출연한 것일 텐데 낯선 상황에 긴장하거나 압도되지 않았다. 논리가 정연하지는 않았지만 슬픔 때문에 말이 엉키는 일은 없었다. 눈물을 쏟지도 않았다. 처연하지만 냉철한 모습으로 자기 할 말을 다했다.

태안화력발전소에서 비정규직으로 일하던 아들이 사고로 숨진 직후 이 사람이 보여준 모습은 우리가 통념으로 안고 있던, 그리고 예상하던 자식 잃은 어미의 모습이 아니었다. 몇 번씩 혼절하거나 식음을 전폐하지도 않았고, 온몸으로 땅바닥을 뒹굴며 악다구니를 쓰지도 않았다. 슬픔에 젖어 있지만 평정심을 잃지 않는 모습이었다. 아들이 최후를 맞은 곳을 찾아 일일이 확인하고 점검하는 모습은 현장 검증에 나선 수사관 같다. 내 아들이 부끄러운 짓을 저지른 것도 아닌데 왜 얼굴을 가리고 이름을 지우냐고 했다.

아드님의 이름과 얼굴을 공개하라고 언론에 요구했는데 그게 이전의 다른 산재사고 사망자들과 김용균 군이 결정적으로 다른 거 같습니다만⋯.
"처음에 다 모자이크 처리를 하네 어쩌네 그렇게 얘기하는 거예요. 그래서 우리 아들이 무슨 잘못을 했다고 모자이크를 해야 하나⋯ 범죄자들을 주로 모자이크 처리하잖아요. 저 그거 못마땅했어요. 그래서 그냥 노출시켜 달라 그랬지요."

비정규직 청년들에 대한 관심이 급증하던 시점이었다. 2년 전 서울 구의역에서 비정규직 청년 김모 군이 참변을 당한 데 이어 그와 비슷한 사건이 또 벌어졌다는 사실에 대중들은 경악했다. 무엇보다 용균이와 같은 또래, 비슷한 처지의 청년들 분노가 들끓었다. 그렇지만 다른 숱한 죽음이 그랬듯이 며칠 호들갑 떨고 나면 잊힐 수 있는 일이었다. 김미숙은 아들의 죽음을 절대 그렇게 만들 수 없었다.

많은 산재 피해 유족들이 있지만 김미숙 이사장 같은 분은 드물잖아요. 다른 유족들과 본인이 어떤 점에서 다르다고 생각하세요?

"일반인이라면 이런 일 있더라도 큰 회사 상대로 혼자 싸우지는 못 했을 거라고 생각해요. 저 같은 경우에는 여러 단체가 함께해줘서 이런 힘을 발휘할 수 있었다고 생각해요. 그런 점에서 저는 어쩌면 운이 좋은 거 아닌가 싶어요. 저는 시민단체 사람들이 끝까지 해주면 고맙고 그렇지 않더라도 나는 끝까지 해야겠다, 이런 생각을 했어요."

대통령과의 면담 제의도 걷어찼다. 대통령 만나면 모든 게 해결된 것처럼 보일 수 있다고 생각했다. 주변에서 독하다는 말이 나왔다. 사람들의 수군거림을 이 사람이라고 모를 리 없었다.

"내가 별난 건가, 내가 이상한 건가, 내가 왜 다른 사람과 다른 거지? 다른 사람들은 묻어두려 하고, 잊으려 하고, 덮고 가려고 하는데 나는 왜 다르지, 내가 이상한가 하는 생각을 많이 했어요."

한 달쯤 지났을 때 남편이 이제 그만하자고 했다. 아이를 차디 찬 냉동고에 넣어둔 채 이게 뭐하는 짓이냐고 했다.

"한 달 지났는데도 해결이 안 되니까 애 아빠가 그만했으면 좋겠다 그래요. 제가 그랬어요. 지금 빨리 수습해서 불태우는 거나 조금 늦게 하는 거나 그게 무슨 차이가 있느냐고. 용규이 이렇게 만들어 놓은 사람들 처벌하고 진상규명 꼭 해야 되는 거 아니냐. 당신이 시댁

쪽 어른들 잘 설득해서 막아달라고 부탁했어요."

두 다리 뻗고 주질러앉아 통곡하는 것 대신 언론사 한 곳이라도 더 만나 용균이의 억울함을 호소했고, 악다구니 쓸 힘으로 핸드폰 메모장에 한 자라도 더 적어 마이크 잡고 용균이의 죽음을 헛되게 해서는 안 된다고 호소했다.

"용균이가 죽기 전에도 수없이 많은 사람이 죽었습니다. 그 사람들의 죽음은 조용히 묻혔어요. 그때 조용히 끝났기 때문에 우리 아들이 죽었다고 생각합니다. 나 같은 사람도 싸웁니다. 저를 보고 '우리도 할 수 있구나, 아무나 할 수 있는 일이구나' 이런 생각을 가졌으면 좋겠어요. 무슨 일이 생기면 두려워하지 말고 좀 해냈으면 좋겠어요." (2019년 1월, 『시사인』 인터뷰에서)

김미숙의 싸움은 사고가 아들이 잘못해서 일어난 게 아니라는 사실을 확인하고 책임자 처벌을 약속받고 나서야 끝이 났다. 아들이 죽은 지 60일 지나서야 장례가 치러졌다.

——— 김용균재단, 당연한 권리이자 피할 수 없는 의무

여기에서 끝내는 게 정해진 수순이라면 수순이었다. 여기까지 온 것도 드문 일이었다. 그런데 김미숙은 여기에서 끝내는 것을 원하지 않았다. 이 사람은 더 싸우기를 원했다. 아들을 죽음으로 몰아넣은 자들을 처벌해야 하고 그런 비극이 다시는 발생하지 않도록 근본적인 대책을 마련해야 한다는 것이다. 거기까지가 자신의 일이라는 게 이 사람의 생각이었다.

김용균재단을 만들자는 아이디어는 본인의 생각이었습니까?

"제가 마지막 대책회의 때 제안을 했죠. 김용균재단을 만들고 싶다, 도와달라. 나는 할 줄 아는 게 아무것도 없다. 그런데 이제 거기서 도와주면 만들 수 있을 거 같다."

비슷한 사건이 터질 때마다 대책위를 만들고 사안이 정리되면 흩어지는 행태를 반복하지 말고 '김용균 투쟁'의 성과를 이어가자는 노동계 내부의 목소리가 김미숙의 주장과 맞아떨어졌다. 재단을 만들자는 생각은 같았지만 그 이후 과정이 순조롭지만은 않았다. 재단의 이름을 정하는 것부터 쉬운 일이 아니었다. 김미숙은 재단 명칭에 아들의 이름을 넣고 싶어 했지만, 노동계 일부에서는 그럴 경우 이 재단이 자칫 특정인만을 위한 것으로 비치는 것을 걱정했다.

재단 이름에 아드님 이름을 넣는 것은 당연하다고 생각했습니까?

"예. 저는 당연히 그래야 한다고 생각했어요. 용균이로 인해서 재단이 만들어진 거고 (이 재단을 통해) 용균이가 잊히지 않았으면 좋겠어요."

재단의 대표 자리를 누가 맡을지를 두고도 적지 않은 말이 오갔다. 유족이 맡는 것은 전례가 없지는 않지만 흔한 일은 아니다. 대개 이런 자리는 노동계의 원로나 경험 많은 사람이 맡는 경우가 대부분이다. 그러나 김미숙은 재단 이사장 자리를 남에게 미룰 생각도, 양보할 생각도 전혀 없었다. 자신의 당연한 권리이자 피할 수 없는 의무라고 생각했다.

이사장을 직접 맡은 이유는 뭔가요?
"거기서 만장일치로 저를 추대를 한 겁니다. 누구보다도 제가 원했고 그러면서 제가 하겠다고 이야기한 거잖아요."

재단 이사장이라고 불리는 게 어색하지 않았습니까?
"처음에는 가정주부로서 정말 어색했는데 지금은 많이 듣다 보니 이제는 괜찮아요."

사양할 생각은 안 하셨습니까?
"아뇨, 사양 절대로 안 하고 싶었습니다."

이사장 자리를 사양할 생각이 전혀 없었다는 말이 하도 단호해서 묻는 사람이 무안할 지경이었다. 조직의 책임자가 된다는 것은 의욕에 못지않게 능력이 필요한 일이다. 조직의 리더는 미래에 대한 비전을 제시하고 구성원들을 이끌고 다른 단체의 대표를 만나 자기 조직의 이해를 대변하고 때로는 관철해내야 하는 사람이다. 이런 일을 해낼 수 있는 능력이 이 사람에게 있느냐는 질문과 의구심이 없었던 것이 아니다. 이 부분에 대해서는 김미숙과 1년 반 이상 가장 가까운 곳에서 일하고 있는 권미정의 이야기를 들어보자.

"조직이 필요로 하는 리더는 우리가 같이 만들어가는 것이라고 생각합니다. 김용균재단을 만드는 과정이 지금까지 일년 반이 좀 넘었는데 김미숙 대표가 중심에 없었다면 이 재단이 자리 잡기 쉽지 않았다고 생각합니다. 저는 김 대표가 자신의 역할과 중심을 잘 잡아왔다고 생각합니다." (권미정, 김용균재단 사무처장)

김용균재단은 원청업체와 하청업체가 후원금 형태로 내놓은 4억 원을 종잣돈으로 지난 2019년 10월 출범했다. 정기후원금 3600만 원을 포함해 지난 4/4분기에 1억2000만 원의 후원금을 확보했다. 안정적 궤도에 올랐다고 할 수는 없지만 재단은 틀을 잡아가고 있다.

재단을 만들고 이사장에 취임하는 과정에서 이 사람은 두려움도 주저함도 없었다. 여기에서 주인공은 나라는 생각이 확고했다. 경험도 없고 배운 것도 많지 않은 내가 그런 일을 해낼 수 있을까 두려워하지 않았다. 남들이 기대하는 모습이 아니라 자기 주관에 따라 움직였다.

재단을 만들고 이 재단의 책임자가 되면서 김미숙은 다니던 회사를 그만두고 집도 구미에서 서울로 옮겼다. 과거로 돌아갈 수 없고

과거로 돌아갈 생각도 아예 없다는 강력한 의사 표시였다. 이제는 더 이상 유속이나 비정규직 노동자가 아니라 상근 노동운동가로 살 겠다는 뜻이기도 하다.

서울 영등포구 재단 사무실에 아침 10시에 출근해서 오후 6시에 퇴근한다. 주택가 골목길 연립주택 2층에 자리잡은 재단 사무실은 20평 남짓 했다. 방 세 개를 개조해 회의실과 사무실 공간으로 쓰는 데, 소박했다. 이 사람의 한 달 활동비는 190만 원, 이사장이지만 재단의 나머지 상근자 2명과 똑같은 보수를 받는다. 언론 인터뷰에 응하고 자신의 경험을 필요로 하는 곳이 있으면 어디든 달려간다. 산재 피해자 가족들을 위로하는 것도 이 사람에게는 중요한 일이다.

───── **독한 사람의 독한 힘**

이쯤에서 멈추지 않을까 싶은 지점에서 이 사람은 오히려 한 발 더 치고 나왔다. 재단을 만들고 이사장이라는 직함을 얻은 것에서 그치지 않을까 싶었는데 지난해 말 중대재해기업처벌법 제정 운동의 최일선으로 나섰다. 이름만 올리고 투쟁 현장에 몇 번 얼굴 비치는 것으로 족할 법도 한데 이 사람은 국회 앞 투쟁 현장을 떠나지 않았다. 자리를 지키는 것에 멈추지 않고 단식 투쟁으로 싸움의 열기와 강도를 끌어올렸다. 이런 일은 누가 권하고 시켜서 될 일이 아니다. 단식도 원칙대로 했다. 29일 동안 물과 소금, 효소만을 먹으면서 버텼다. 김미숙의 이런 모습을 보고 다시 한번 지독하다는 말이 나왔다.

"저도 다이어트해야 되겠다, 이런 생각으로 굶으면 잘 안 되더라구요. 그때 제가 느낀 것은 절박하면 이것도 되는구나라는 것을 알게 됐어요. 절박하면⋯."

김태년 원내대표를 비롯한 민주당 지도부를 만나는 모습을 보니 단식하는 사람치고는 목소리에 힘이 있었다.

김태년 원내대표한테 다른 건 다 혼자 하면서 이건 왜 야당과 협의하겠다고 하느냐고 소리 질렀잖아요?
"정말 저는 이해가 안 가죠. 이게 진짜 민중을 살리기 위한 가장 큰 사안인데 그걸 협상한다는 게 정말 이해가 안 됐고, 여당만으로도 충분히 통과시킬 수 있는데 결국은 자기들의 당리당략과 재계의 눈치를 보느라 그런 거잖아요."

민주노총 위원장이나 진보정당 대표가 있어야 될 자리를 이 사람이 대신한 느낌이었다. 이 사람이 없었으면 중대재해처벌법이 만들어지지 못했을 것이란 말까지 나왔다.

"용균이 투쟁을 하면서 사람들이 동조를 해주었고 그런 힘이 있기 때문에 제가 법안 제정 운동의 대표자로 나서게 된 거고, 제 생각이 크게 불순하지 않았기 때문에 많은 사람들이 같이 힘을 모을 수 있었을 겁니다. 다 같이 한 거고 이런 큰일 하는데 누구 혼자의 힘으로 할 수 있는 것이 아니지요."

이 사람 존재 자체가 힘이다. 스스로 그 자리에 서겠다는 의지가 없는 사람이 남의 힘에 떠밀려 그 자리에 가는 법이란 없다. 이런 것이 권력의지라면 이 사람의 권력의지는 차고 넘친다. 본인에게 힘이 있다고 생각하느냐고 물으니 그렇다고 했다.

국무총리가 찾고 여야 의원들이 쩔쩔매고 청와대 높은 분들이 와서 고개를 조아리고 예전 같으면 자신을 쳐다보지도 않았을 기업 사람들이 자신의 말 한마디에 전전긍긍한다. 자신의 말이 방송과 신문에 대서특필되고 거리와 집회에서 자신을 알아보는 눈길들이 늘어나고 자신의 생각과 경험을 들으려는 언론이 줄을 선다. 이게 힘이라는 것을 이제는 잘 안다.

"내 말에 힘이 있다고 생각해요. 제가 조금이라도 불순하고 가식적인 말을 하면 금방 알아차릴 거라고 생각해서 그런 거 하나도 안 섞고 그냥 있는 대로 표현을 해요. 용균이가 요즘 청년들과 크게 다르지 않아서 공감대가 컸다고 봐요. 제 말에 힘이 생긴 것은 결국 그 때문인 거죠."

그렇지만 이 힘이 이 사람을 행복하게 만드는 것 같지는 않다. 세상의 그 어떤 힘도 죽은 아들을 돌아오게 만들 수는 없기 때문이다.

──── 아들이 남기고 간 어깨 위의 짐

이 사람의 등장과 투쟁은 어디선가에서 본 듯한 모습이다. 1980년대 아들의 죽음을 계기로 민주화운동에 뛰어든 박종철 열사의 아버지 박정기, 이한열 열사의 어머니 배은심 등이 이 사람의 모습과 겹쳐 보이고, 전태일 열사의 어머니 이소선과 아예 판박이라고 말하는 사람들도 많다.

자식이 못다 한 일을 내가 하겠다고 나서는 부모들의 모습은 물론 숭고하지만 본질은 슬픔이고 애통이고 비극이다. 그런 비극의 주인공들이 더 이상 나오지 않는 것이 한국 사회가 나아진 증표라고 받아들이는 사람들 입장에서는 김미숙의 존재가 우리 사회가 몇십 년 전으로 돌아가는 퇴행으로 보일 것이다.

무엇이 평범한 삶을 살아온 50대 여성을 불과 2년여 만에 우리 사회의 대표적인 노동운동가로 변신시켰을까. 아들의 죽음만으로 설명할 수는 없다. 아들 잃은 어머니가 이 사람만은 아니었고 아들 잃었다고 모든 어머니가 이 사람처럼 변하지도 않았으니 말이다.

지난 50년 넘는 세월 단 하루도 허투루 산 적이 없다지만 김미숙이라는 이름으로 산 시간, 자기만을 위해 산 시간은 많지 않았다. 큰딸과 아들, 차녀로 살았고 가장의 역할까지 짊어진 주부, 엄마로 살았다. 밖에 나가면 여공, 사원으로 불리는 존재였다. 화려한 무대에 오른 적도 없고, 사람을 손짓 하나로 부려본 적 없고, 돈 걱정 없이 사고 싶은 거 마음대로 산 기억이 많지 않다. 김미숙에게 지워진 것은 늘 짐이었다. 가난한 부모를 도와야 하는 짐, 병든 남편을 대신해 가장의 역할을 하는 짐, 이제는 아들을 대신해 일하다 억울하게 죽는 사람만큼은 없는 세상을 만드는 짐이 이 사람의 어깨에 지워져 있다.

쉰이 넘어서야 자신에게 가장 잘 어울리는 일을 찾은 듯하다. 아들을 위한 일이기도 하지만 이제는 자신의 일이다. 내가 잘난 부모였다면 우리 아들이 그렇게 되지 않았을 거라는 생각은 평생 지우기 힘들 테지만 애써 이렇게 자신을 스스로 위로한다.

"내가 좀 더 잘난 부모가 되었더라면, 좀 더 재산이 많았더라면 우리 용균이 제대로 교육시켜서 그런 회사 못 들어가게 했을 텐데 하는 자책감은 있지만 그것이 용균이를 죽음으로 가게 한 것은 아니라고 생각해요."

이런 말을 할 때 이 사람은 여전히 '용균이 엄마'다. 거기에서 한 발 더 앞으로 나가는 것은 부담스럽다고 했다. 자신을 비정규직 노동자의 어머니라고 부르는 것에 대해 그리 반가운 기색이 아니었고 이소선 여사와 비교하는 것도 기꺼워하지 않았다.

비정규직 노동자의 어머니라는 말을 들을 때 어떤 기분인가요.
"그건 본인들이 그렇게 말하는 거지 제 의사하고는 상관없는 거잖아요. 저는 제가 하고 싶은 만큼 할 거예요. 그 사람들이 그렇게 하고 싶다고 해서 제가 하고 싶지 않은 일을 하고 싶지는 않아요."

자신이 혹시나 다른 사람의 꼭두각시 노릇을 하고 있는 것은 아닌지 촉수를 날카롭게 세우고 경계하는 기색이 역력했다. '용균이 엄마'로서 자신이 하고 싶은 일은 어떻게든 할 거라는 의지가 강렬했는데 '노동운동가 김미숙'으로 자신이 해야 될 일에 대해서는 아직 애매한 부분이 있었다. 그렇지만 김용균재단 이사장을 자임하고 나섰을 때 이 사람이 가야 할 길은 정해진 셈이다. 엄동설한에 목숨을 거는 단식을 불사하며 싸우는 모습은 '용균이 엄마'를 넘어 '노동운동가 김미숙'으로 변신 중이라는 증거였다.

—— 모질고도 모진 어미의 정

이 사람의 말에는 단박에 핵심을 찌르는 날카로움이 있다. 이런 것은 배움이 많다거나 경험이 풍부하다고 해서 얻어지는 것이 아니다.

문재인 대통령 만난 이후에 좋은 대통령 만나 다행이고 진심이 느껴진다는 말씀하신 적 있는데, 지금도 그 생각 변함없습니까.
"대통령도 정치인이잖아요. 그러기 때문에 보여주기 식으로 언론을 몰고 가는 거 아닌가… 자기네들 이미지 관리만 하고 있는 거예요. 그때는 '대통령이 (우리들이 원하는 것을) 해주겠구나'라는 생각이 들었는데 지금 돌이켜보면 그냥 자기네들 입지만 생각하고 한 거구나….'

웃기면 웃는 거고 슬프면 슬픈 거지 특별히 유가족이라고 해서 어떤 표정을 지을 필요가 없다고 했다. 그래도 웃음이 적었다. 3시간 이야기하는데 한 번도 파안대소하지 않았다. 활짝 웃는 모습을 기대하면서 농담을 던져도 옅은 미소만 지었다. 많이 웃고 지낸 날은 용균이에게 미안한 마음이 든다고 했다. 아직도 자식의 죽음으로 인한 상처가 이 사람 가슴에서 아물지 않았다는 뜻이다. 얼마 전 한 방송에 출연했을 때 평소와는 달리 화장을 곱게 했다. 그 모습에 자기 스스로 어색해하는 모습이 역력했다. 가장 편한 사람들이 같은 산재 피해자 유족들이고 올 설 연휴도 이들과 함께 보냈다.

"유족들이 유족들끼리 있을 때 가장 편안하게 생각하는 이유가 있거든요. 그때는 다른 사람들의 시선을 의식하지 않아도 되거든요. 내가 웃어도 나를 욕하지 않을 사람들이고 내가 울어도 지겹다고 말하지 않을 사람들이니까요." (권미정, 김용균재단 사무처장)

필자의 대학 동기 가운데 군대에서 분신해서 숨진 친구가 있다. 친구의 어머니는 몇 년을 거의 넋을 놓고 지내다가 끝내 차가운 겨울 강물에 몸을 던졌다. 자식을 잃은 어미의 심정이란 그런 것인가 짐작만 할 뿐이다. 술이나 담배는 하지 않느냐고 물었다. 술이든 뭐든 그 아픔과 슬픔을 만 분의 일이라도 달랠 수만 있다면 그런 것을 누가 탓할 수 있을까 싶었다.

"저는 술을 먹고 담배를 피우고 그러는 것으로 회피하고 싶지 않아요. 그렇게 하는 분들도 있는데 그렇게 하고 싶지 않아요."

그런 고통을 잊고 싶을 때도 있지 않을까 싶었는데 "절대로 잊고 싶지 않아요. 하나라도 기억을 놓칠까 봐 걱정"이라고 했다. 어미의 정이란 이렇게 모질다.

⎯⎯⎯ 아들을 지켜주지 못하는 사회에 대한 분노

이 나라를 저주한다는 이 사람 말은 섬뜩했다. 무엇으로도 풀릴 수 없는 깊은 원한을 그 단어로 표현하고 있었다. 가진 사람, 특히 많이 배웠다는 이유 하나로 높은 자리 차지한 사람들이 턱짓 하나로 노동자들을 아랫사람 부리듯 한다고 말할 때 이 사람의 눈에 싸늘한 냉기가 돌았다. 배운 사람에 대한 적의가 강렬했다. 내가 배우지 못해서 고생했고 내 자식이 욕심만큼 공부하지 못해 험한 곳에 취직해야 했고 그 때문에 죽었다는 생각이라도 하는 걸까.

"왜 이렇게 배운 사람들, 가진 사람들은 자기네들만 잘살게끔 나라

를 이렇게 만들어 놨을까. 너희가 공부 안 해서 그렇게 못사는 거아니냐. 이렇게 몰고 가는 거 너무 원통해요. 사실 공부는 자기가하고 싶으면 하는 거고 말고 싶으면 마는 거고. 그렇게 안 해도 노동자로서 먹고살아야 되거든요."

용균이를 죽음으로 몰고 간 것은 이 나라였고, 이 나라에서 공부좀 잘했다는 이유만으로 높은 자리 차지하고 자기들만 살기 편한세상 만든 자들이 아들을 죽였고, 지금도 아들과 같은 사람들에게힘든 노동을 강요한다고 말했다.

내 아들을 지켜주지 못한 이 사회에 대한 분노가 있겠지만 한편으로는 이분노에 공감하는 사람들이 있고 그런 사람들이 모여 재단도 만들고 아들같은 피해자를 막기 위한 법안도 만들어지고 있으니 이 사회가 조금씩 나아진다는 생각은 안 하는지요?
"조금씩 그런 방향으로 나아가고 있다는 것은 체험을 통해서 확인하고 느끼고 있는데 제 스스로가 행복하지는 않아요. 행복을 꿈꿀수가 없다고 생각해요. 왜냐하면 이 아픔을 매일매일 느끼고 있는거라서…"

지난 2년 자신의 존재감이 이렇게 크게 느껴진 때는 없었을 것이고, 자신을 중심으로 관계가 만들어지는 경험도 거의 처음이었을것이다. 자신을 동지로 부르는 새로운 사람들과 만났고 '노동자들의 어머니'라는 전혀 기대하지 않은 표현을 얻기도 했다. 이 과정에서 기쁨과 행복, 보람을 느낄 법도 하건만 이 사람 표정은 행복한 사람의 그것이 아니었다. 이 사람과 인터뷰 중에서 가장 마음 아픈 대목은 남편 김해기에 대한 이야기였다.

"용균이 아빠는 그때 사고 난 이후로 심근경색 약을 안 먹고 있어요. 본인도 살 이유가 없다고 해서… 그때 애 아빠가 얘기한 게 '우리 세 명 같은 무덤에 들어가 있으면 제일 행복하겠다' 그랬어요. 지금도 애 아빠는 그런 심정이고."

—— 이제부터는 아들이 아닌 김미숙의 싸움

누구의 어머니가 아니라 김미숙이라는 사람을 만나고 싶었고, 아들의 비극을 입에 올리지 않고 이야기를 이어가고 싶었다. 그렇지만 이 사람에게 아들 이야기를 빼고 자신의 삶을 설명하는 것은 불가능했다. 그것은 앞으로도 불가능할 것이다.

그럼에도 불구하고 이야기 중간중간에 누구의 엄마를 넘어 자신의 이름 석 자로 서겠다는 의지와 욕망이 느껴졌다. 이 사람이 김용균재단 대표 김미숙이라고 새겨진 명함을 건넬 때 그런 생각이 들었다. 김미숙이라는 이름 밑에 조금 작은 글씨로 '대표'라고 새겨진 명함이 이 사람 인생에서 첫 명함이다. 지금까지는 아들의 이름을 앞세운 싸움이었지만 이제부터는 김미숙이라는 자신의 이름을 걸고 하는 싸움이다. 자신도 비정규직 노동자였다는 뒤늦은 깨달음은 이런 싸움에서 얻어진 각성일 것이다. 이야기를 마칠 즈음, 언젠가는 이 사람이 김용균이라는 이름을 떼고 김미숙이란 이름 석 자만으로 이 세상에 설 수 있겠다는 생각이 들었다. 물론 그러기 위해서는 가야 할 길이 멀다.

이제 말하는 것은 두렵지 않은데 글 쓰는 것은 여전히 어렵다고 했다. 같이 일하는 동지들에게 써 달라고 할 법도 한데 그렇게 하지 않는다.

"가끔 대표님 글을 누가 대신 써주는 거 아니냐는 말을 하기도 하는데 자기가 하고 싶은 이야기는 자기 손으로 써야 한다고 생각해서 대신 써드리지 않습니다. 그 때문에 대표님이 힘들어 하실 때도 있지만 여전히 본인 글은 본인이 씁니다. 다 쓴 다음에 한 번 읽어봐 달라고 하는 경우는 있습니다." (권미정, 김용균재단 사무처장)

공부를 잘하지 못했고 책 읽기를 좋아했다는 말도 하지 않았다. 그런 사람이 쉰 살이 넘어서 현대사 책을 읽고 법안을 챙겨보려 한다. 이것 역시 쉬운 일은 아닌데 피해 갈 일도 아니라고 생각한다. '동지'라는 말도 입에 붙었고 좋아하는 단어가 되었다. 이제 노동단체 회의에서 나오는 말들이 편하다. 그래도 회의에서 말을 많이 하는 편은 아니다. 아직도 부족한 것이 많다고 했다. 자기 이야기를 할 때는 능숙하게 말을 풀어냈지만 남의 생각을 옮길 때는 종종 말이

엉켰다. 그런 것을 김미숙은 숨기려 들지 않았다.

그림을 그린다는 말은 이 사람에게 들은 이야기 중에 가장 반가운 이야기였다. 슬픔의 수렁에서 자기 발로 빠져나오려는 의지가 생겼다는 뜻일 테니 말이다.

"제가 평소에 그림에 관심이 있었어요. 시간이 나면 그림을 좀 배워서 그리고 싶다고 생각했는데 그렇다고 제가 학교 다닐 때 그림 잘 그린다는 소리를 한 번도 듣지는 못했어요. 그냥 제가 하고 싶어서 그리는 것이고, 잘 그리고 못 그리고는 상관없어요."

이 사람 눈빛이 부드럽고 편하게 빛나지는 않았다. 이것도 많이 나아진 것이라고 하는데 표정은 웃음기 없이 내내 건조했다. 누구에게 고맙다는 표현도 거의 없었다. 이 사람 표정과 태도는 그 사건의 충격에서 완전히 회복된 것은 아니라는 뜻이기도 했다. 여전히 싸우는 것으로 자신의 상처를 극복하겠다는 각오가 단단했다. 싸움을 중간에서 그만둘 사람이 아니라는 것을 확인하는 것만으로도 이 사람과의 만남은 의미가 적지 않았다.

강우일 | 전 제주교구장

"못 짖는 개는 쓸모없다"

작은 자들의 주교

본인이 난곡을 희망하지는 않았다. 교구 소속 사제들의 인사는 교구장의 전권이니, 그가 난곡동 성당 주임신부로 발령난 것은 김수환 추기경의 뜻이었다. 강우일은 1985년 8월 15일 서울시 관악구 신림동에 있는 난곡동 성당 3대 주임신부로 부임했다. 1974년 사제가 된 이후 명동 성당과 중림동 성당의 보좌신부 생활을 짧게 한 것을 제외하면 명동 성당에서 김수환 추기경 비서, 서울대교구 교육국장, 홍보국장 등으로 일했다. 난곡은 그의 사제로서 첫 본당이었다.

　난곡은 서울의 가장 높은 곳에서 가장 낮은 사람들이 사는 동네였다. 당시 난곡에 있는 초등학교는 특수지 학교로 분류됐다. 특수지 학교는 근무 여건이 열악한 곳에 있는 학교를 말하는데, 교사들은 이런 학교에서 근무하면 가점을 받아 다음 인사에서 자신이 원하는 곳으로 갈 수 있었다. 주로 산간 오지, 섬에 있는 학교나 분교가 해당되었는데 난곡에 있는 학교는 이 특수지 학교 중에서도 가장 열악한 학교로 분류되었다. 서울 시내에 있지만 난곡은, 우리 사회 빈곤의 오지였다. 2001년 4월 『중앙일보』「난곡 리포트」는 당시 난곡을 이렇게 묘사한다

산꼭대기의 파란색 공동화장실. 소방차가 올라갈 수 없는 평균 경사 35도의 골목길. 주로 소주·라면만 팔리는 동네 가게. 옛 삼성전자 로고가 남아 있는 1970년대식 거리 간판. 아직도 두 집에 한 집 꼴로 연탄을 쓰는 곳

강우일이 난곡에 간 것은 그 때로부터도 16년 전이었으니 당시 난곡은 지금으로서는 상상도 하기 힘든 빈곤의 현장이었다. 이 세상의 모든 갈등과 모순이 가난이라는 형태로 난곡에 모여 있었다. 난곡은 단 하루도 조용한 날이 없었다. 악다구니 쓰는 사람들로 늘 시끄러웠고 매일 곡소리가 났고 어디선가 싸움이 벌어졌다. 누군가는 피를 흘렸고 누군가는 핏대를 올렸고 누군가는 쓸쓸하게 아무도 돌보는 이 없이 세상을 등졌다. 난곡을 관할하는 당시 서울 남부경찰서의 사건 처리건수는 서울 시내에서 언제나 일등이었다. 가난한 사람들의 나눔과 유대와 인정이 있었지만, 펄펄 끓는 삶의 현장이었기에 한 편의 지옥도 같은 풍경이 수시로 펼쳐졌다. 그런 난곡 생활이 힘들지 않았느냐고 물었더니 그가 담담하게 대답했다.

"힘들지 않았습니다. 거기 신자들과 함께 기쁘게 동네를 다녔습니다. 힘들다고 느낀 적 없습니다."

사제로서 47년, 그 가운데 주교로 35년을 살았다. 한국 가톨릭교회의 진보적인 목소리를 대변하는 인물로, 우리 사회의 살아 있는

양심으로 불리지만 어떤 사람들에게는 '붉은 사제'란 비판을 듣기도 하는 사람이다. 그의 처음이자 마지막인 본당 주임신부 시절이 힘들지 않았느냐고 물으려는데 샤를르 드 푸코 신부 이야기를 꺼냈다. 샤를르 드 푸코 신부는 북아프리카 등에서 원주민 마을에 들어가 그들과 똑같이 생활하면서 그리스도의 믿음을 말이 아닌 몸으로 실천했던 사람이다. 그를 본받아 이 세상 밑바닥에서 가장 어려운 사람들과 살면서 믿음을 증거하려는 수도회가 '예수의 작은 형제회'다.

"로마 우르바노 대학원을 마치고 사제 서품을 받기 전에 푸코 신부님의 영성을 몸으로 느끼기 위해 일년 동안 '예수의 작은 형제회' 수사들과 북아프리카 원주민 마을, 스페인 빈민가, 일본의 공장 지역에서 그 사회 가장 밑바닥 사람들과 함께 지냈습니다."

그래서 가난한 삶이 낯설거나 두렵지 않았고 오히려 어려운 사람들과 함께해서 좋았단다. 그런 이야기를 마치 남 이야기하듯 담담하게 했다. 그의 글만큼이나 말에도 수식어가 거의 없었다. 그의 모든 것에 절제가 배어 있었다.

이 후리후리한 젊은 신부 때문에 그 때 가슴 설렌 처자들 한두 명 아니었을 테고 신부하기 아까운 인물이라고 수군대는 소리 난곡 곳곳에 넘쳐났을 것이다. 할머니 신자들이 아들뻘 되는 신부님 손잡고 낮은 목소리로 이렇게 말했을 것이다. '지집애들은 다 꼬리 아홉 달린 여우라고만 생각하세요.' 난곡의 청년들은 이 사제를 통해 희망을 찾을 수 있을까 싶어 성당 문 앞을 기웃거렸을 테고, 이 더러운 놈의 세상 이래 사나 저래 사나 한 가지라며 자포자기하던 사람들이 혹시나 하는 마음에서 그가 내미는 손 어색하게 맞잡았을 것이다.

이 세상 가장 낮은 곳에서 예수 흉내 제대로 내며 살아 보겠다는 그의 야심 찬 도전은 불과 넉 달 보름 만에 끝이 났다. 그의 선택은 아니었다. 로마 교황청은 1986년 1월 4일 그를 주교로 승격시켜 서울 대교구 보좌주교로 임명했다. 본당 주임신부는 임기가 5년이다. 적어도 5년은 이곳에서 여기 사람들과 같은 밥 먹고 같은 옷 입고 같은 냄새 풍기며 살겠다고 생각했던 강우일에게 주교 승격은 날벼락 같은 소식이었다.

"교황청 대사에게 나는 그런 자리를 감당할 사람이 못 된다고 사양했어요. 그랬더니 그런 이야기는 김수환 추기경께 말하라는 겁니다. 김 추기경님께 '저는 주교 재목이 못 됩니다'라고 말씀드렸더니 '어이 강 신부, 저기 십자가 위에 예수님 보고 못하겠다고 그래'라고 하시는 겁니다. 어쩔 수 없이 받아들였죠."

강우일의 후임 신부도 1986년 2월에 부임했다가 6개월 만에 해외 유학이 결정돼 난곡을 떠났다. 난곡 사람들은 불과 1년 만에 두 명의 사제가 임기 중 떠나는 것을 지켜봐야 했다. "우리들은 죽어서

나 벗어날 수 있는 난곡을 저 사람들은 쉽게도 오고 쉽게도 떠난다고 생각하지 않았을까요?" 하고 물었더니, "그분들은 그렇게 생각할 수 있었겠네요"라고 역시 밋밋하게 대답했다.

이 대목에서 2009년 그가 쓴 김수환 추기경 추도사의 일부를 읽어볼 필요가 있다.

추기경님은 젊은 시절부터 간직하신 한 가지 소망이 있었습니다. 그것은 가난하고 힘없는 이들에게 복음을 말로써 가르치는 것보다 그들 곁에서 그들과 같은 눈높이에서 함께 사시는 것이었습니다. 주교직에 오르고 추기경직에 오르시며 그것이 점점 더 어려워졌습니다. 그래서 당신 영혼의 밑바닥에서 누구보다도 당신 자신에게 큰 빚을 지고 사셨습니다.

김수환 추기경에 대한 말을 하고 있지만 사실은 자기 자신에 대한 이야기다. 난곡은 그에게 오랫동안 마음의 빚이었다. 그래서일까? 불과 5개월도 안 되는 본당 사제 생활이었지만 난곡동 성당에서 만난 사람들과의 교류는 수십 년 동안 계속 이어졌다.

——— 4대째 천주교 신앙을 지켜온 엘리트 집안의 장자

2012년 부친 강영욱의 장례미사 때 그의 강론은 사뭇 감동적이다. 강우일은 차분하고 담담하게 아버지의 일생을 회고한다. 슬픔이 과하지도 모자라지도 않는다. 슬픔을 넘어선 듯한 목소리다.

아버지 강영욱은 일제시대 일본에서 대학을 나온 엘리트였다. 공무원과 군인을 거쳐 연탄공장, 냉동수산업 등 다양한 사업을 했는데 부침이 심했다. 한국에서 39년, 일본에서 32년, 미국에서 20년을 살았고 평생 32번 이사를 다녔다니 강영욱의 삶은 순례자에 다름 아니었다.

부친의 사업이 부침이 있긴 했지만 강우일의 집안은 그 시대 평범한 일반인의 집안은 아니었다. 그의 할아버지 강세현은 경남 합천의 대지주였고 외할아버지 오위영은 신탁은행장, 3선 의원을 지낸 정계의 거물이었다. 강우일이 경기고등학교에 입학했을 때 오위영은 장면 내각의 장관이었다. 게다가 그의 이모 오현주가 1959년도 미스코리아 진이었다. 이래저래 그의 집안은 유명세깨나 타는 집안이었다.

강우일이 경기고등학교를 졸업하던 1963년 강우일 집안은 일본으로 이민을 갔다. 그의 나이 열여덟 살 때였다. 아버지의 냉동수산업이 1959년 사라호 태풍으로 직격탄을 맞은 데다가 새로 들어선 군부정권이 사사건건 방해를 하는 바람에 한국에서 도저히 살 형편이 안되어 일본으로 갔다는 게 그의 설명이다. 일본에서 대학 진학을 준비하던 중 한 번뿐인 인생 어떻게 하면 잘 살 수 있을까 고민하다가 신부가 되기로 결심하고, 예수회가 설립한 일본 조치(上智)대학에 입학했다. 이 대학을 나온 김수환 추기경과는 동문이다. 그의 선택은 4대째 천주교 신앙을 지켜온 집안의 장자다운 선택이기도 했다.

그의 삶의 전반부는 드라마틱한 출세 스토리지만 후반부는 고배의 연속이다. 서른 살에 신부가 되어서 마흔한 살에 주교가 되었다. 이문희 대주교가 서른일곱 살, 정진석 추기경이 서른아홉 살에 주교가 된 예가 있지만 어쨌든 파격적인 발탁이었다.

1998년 김수환 추기경이 서울 대교구장에서 30년 만에 물러났을 때 가장 유력한 후임은 강우일이었다. 서울 대교구에서 주교로 16년 일했고 김수환 추기경이 가장 신임하고 후원하는 인물이었기 때문이었다. 로마 교황청의 결정은 예상과는 달랐다. 정진석 당시 청주 교구장이 후임 서울 대교구장이 되었다.

2001년 강우일이 서울 대교구 2인자인 총대리로 임명되자 사람들은 차기 교구장 승계 작업이 시작됐다고 해석했다. 71세 고령으로 정년이 얼마 남지 않은 정진석 추기경의 뒤를 잇기 위한 준비 과정이라고 본 것이다. 그러나 이번에도 교황의 선택은 달랐다. 서울 대교구 총대리로 임명된 지 1년도 안 된 2002년 8월 강우일은 제주 교구장으로 발령이 났다.

"놀라긴 놀랐죠. 실망한 것은 아니지만 제가 제주 갈 거라고는 상상도 못 했습니다. 꿈에도 그런 생각은 안 했으니까요. 당시 정진석 교구장님과 생각이 조금 다르긴 했지만 서울 대교구 보좌주교로 계속 일해도 좋겠다고 생각하고 있었거든요."

서울 대교구장 인사에서 거듭 물을 먹었으니 내색은 안 했지만 아팠을 것이다. 왜 내가 제주로 가야 되느냐고 묻고 싶었을 텐데 그는 순명했다. 예상치 못한 인사가 그것으로도 끝이 아니었다. 교황청에서 추기경 서임을 발표할 때마다 유력 후보로 그의 이름이 거명되었다. 지난 2014년 프란치스코 교황 방한준비위원장으로 일하면서 그의 추기경 서임에 대한 기대가 더욱 커졌지만 신임 추기경 명단에 그의 이름은 보이지 않았다. 가난한 사람들의 목소리에 귀기울이는 프란치스코 교황과 그의 성향이 비슷하게 보여 그럴 가능성을 더욱 높게 본 것일 텐데, 결과적으로 허망한 기대였다. 강우일의 자리처럼 보였던 서울 대교구장과 추기경의 자리는 한때 서울 교구 사무처장으로 그의 밑에서 일하던 염수정이 차지했다.

——— 4.3을 알고부터 제주가 달리 보이다

일찍 주교가 되었지만 교회 밖에 있는 사람들에게 그의 존재감이 컸던 것은 아니다. 초대 가톨릭대 총장을 할 때 이름이 좀 알려졌을까. 정의구현사제단에 가입한 적도 없고 사회적 이슈에 대해 발언도 드물었다.

"(제주 오기 전에는) 그런 사회적 발언 안 했습니다. 우선 제가 보좌주교라, 적극적으로 나설 처지가 아니었구요. 정의구현사제단 소속 신부님들이 주장하는 기본 취지에는 동의했지만 독재권력과 싸우는 과정에서 이쪽 편도 그들을 닮아가는 것처럼 보였습니다. 그분들의 저항의 방법론이 제가 기쁘게 동참하는 것을 어렵게 했습니다."

명동성당에서 20년 넘게 지내면서 그의 표현을 빌리면 '오만가지 꼴을 다 봤고 별의별 일을 다 겪었다.' 그가 겪은 오만가지 꼴과 별의별 일에는 경찰과 안기부, 보안사로 상징되는 독재권력의 행태도 있었지만 정의와 양심의 깃발만 들면 무슨 일을 해도 좋다는 오만과 독선도 있었다는 말로 들렸다. 그것이 그를 꽤 힘들게 했던 모양이다.

그 시절 사회적 발언을 자제한 이유는 또 있었다.

"제가 평생 닮고자 했던 샤를르 드 푸코 신부님이 그랬던 것처럼 저는 입이 아니라 몸으로 주님의 삶을 증거하고 싶었기 때문에 말을 많이 하는 것, 그것은 제게 맞지 않는다고 생각했습니다. 제가 말을 잘 하는 것도 아니고…. 굳이 저 아니어도 말할 사람은 많았던 시절이기도 했구요."

제주도로 간 이후 그는 자기 목소리를 내기 시작했다. 작은 자들의 주교로서 작은 자들의 입장에서 작은 자들의 이해를 대변했다. 자기가 돌봐야 할 양떼를 지키기 위한 싸움에서 그는 물러서는 법이 없었다. 타협하지도 양보하지도 않았다.

4대강 사업을 위해 전국의 산과 강을 파헤칠 때 '도둑질'이라고 거칠게 몰아세웠고, 제주도에 제2공항을 지으려는 사람들에게 당신들의 편의를 위해 왜 우리가 그 땅에서 쫓겨나야 하느냐며 공항 건설은 '무덤을 파는 일'이라고 반박했다. 진보 정권이 나서 제주 강정마을에 군사기지를 지으려고 할 때는 왜 당신들의 평화를 위해 우리들의 삶이 위협받아야 되느냐고 따졌다.

사회적 발언은 내 몫도 아니고 내게 맞는 일도 아니라고 말하던 그가 제주도에 와서 왜 달라진 것일까. 무엇이 그의 굳게 닫힌 입을 열게 만들었을까.

"제주 4.3사건입니다. 육지에 있을 때는 그저 그런 일이 있었구나 싶었는데 여기 와서 공부를 해보니 너무 끔찍하더라고요. 유대인을 집단 학살한 홀로코스트에 비해 규모는 작을지 모르지만 국가에 의한 범죄라는 점에서 본질은 같았습니다. 그런데 아무도 책임지지 않았고 사죄한 사람도 없습니다."

그는 말을 이어갔다. 차분했고 목소리가 올라가지도 않았고 여전히 밋밋했다. 그래도 이 부분을 이야기할 때 보이지 않는 힘이 느껴졌다.

"강정마을에 해군기지 짓는다고 할 때 4.3 당시 그 참혹한 일을 저지른 군대가 군화발 소리 요란하게 울리며 다시 제주를 짓밟는 느낌을 받았습니다. 이때 나마저 가만히 있으면 나중에 역사 속에서 그 때 교회는 무엇을 했느냐는 말을 들을 거 같았습니다."

그래서 '어쩔 수 없이 말하기 시작했다'는 게 그의 설명이다. 제주도에서 안식처를 구하는 예멘 난민 사건이 불거졌을 때 그는 우리가 이거 밖에 안 되느냐고 통탄하며 난민들에게 잘 곳을 제공하고 먹을 것을 주었다. 2014년 헌법재판소가 8:1로 통합진보당 해산을 결정했을 때 불관용과 억압과 단죄와 처단의 광풍이 휘몰아치는 어둠의 시대라고 헌재 결정을 신랄히 비난했다. 두 사건 모두 다수 여론은 난민 추방과 헌재 결정이 잘된 것이라는 쪽이었지만, 그는 신앙인의 양심으로 외롭고 힘든 자들의 편에 서기를 두려워하지 않았다.

개발에 따른 이윤은 결국 가진 자들의 차지가 될 것인데 왜 우리가 가진 자들을 위해 피해를 감수해야 하느냐고 반문했다. 다수를 위해 소수는 참아야 한다거나, 한 사람이 희생해서 아흔아홉 명이 행복하다면 한 명의 희생은 불가피하다는 주장에 대해 그는 분노를 숨기지 않는다. 그의 이름이 필요한 곳에는 그의 이름을, 그의 지위가 필요한 곳에는 그의 지위를 빌려주었고 그의 기도가 필요한 사람들을 위해 쉬지 않고 기도했다. 어려운 사람들이 성당으로 찾아오기 전에 먼저 그들의 삶의 현장을 찾아갔고 때로는 싸움의 현장에 나가는 것도 서슴지 않았다.

제주에서 그의 삶은 2000년 전 나자렛 예수의 격렬한 삶을 연상시킨다. 4대강 사업을 도둑질이라고 대성일갈하는 것은 나의 아버지 집은 돈 버는 곳이 아니라며 성전의 좌판을 때려 엎던 모습 같고,

제2공항 건설은 무덤을 파는 짓이라는 경고는 예수가 채찍을 들어 휘두르는 모습을 떠올리게 한다. 그 당시 지식인들과 성직자들을 향해 독사의 자식들, 회칠한 무덤이라고 외치던 예수의 모습은, 사람이 죽어 나가든 말든 나 몰라라 하면서 조용히 기도만 하는 사람들은 종교를 팔아먹고사는 직업인에 불과하다고 매섭게 몰아붙이는 그의 모습과 닮아 있다.

"제가 명동성당 그 최루탄 연기 속 먼지 구덩이 속에서 이십년 넘게 살았잖아요. 제주 발령났을 때 놀라기는 했지만 하느님이 이제 아름다운 제주에 가서 편안하게 살라고 포상휴가 주셨다고 생각했어요. 그런데 살다 보니 아니더라고요. 여기는 더 심한 전쟁터더라고요. 서울에서는 생각하지도, 경험하지도 못한 전쟁터였습니다. 요즘 들어서야 이래서 하느님이 나를 제주로 보내셨구나, 하는 생각을 합니다."

—— **때로 침묵해선 안 되는 사제의 길**

그의 말이 수시로 교회의 울타리를 넘고 제주도를 넘어 육지로 들려왔다. 김수환 추기경의 뒤를 이어 서울 대교구장이 된 정진석, 염수정 두 추기경이 사회적 의제에 대한 발언을 꺼리거나 의례적인 수준의 발언에 그치며 그칠수록 그 역학은 강우일에게 떠맡겨졌다. 자신의 생각과는 다른 말을 떠밀려서 하는 것은 결코 아니

었지만, 그 역시 자신의 목소리가 너무 크게 울리는 것은 아닌지 부담을 느끼는 기색도 없지 않았다.

"제 기질이 나서길 좋아하는 스타일도 아니고, 사하라 사막에서 숨어살 듯 살았던 샤를르 드 푸코 신부님 삶에 깊은 감명을 받고 그분처럼 살고 싶었던 사람입니다. 몸이 아닌 입으로 많은 것을 떠드는 것은 제가 바라던 것이 아닌데 제주에 살고 주교회의 의장을 맡다 보니 어쩔 수 없이 말을 할 수밖에 없는 상황이 된 것이지요."

보수 정권 시절 그는 언론의 단골손님이었다. 제주라는 작은 섬에 있었지만 그의 목소리는 제주에 머무르지 않았다. 언론이 그를 집중적으로 소환한 것도 사실이지만 그 역시 사회를 향해 발언하기를 주저하지 않았다. 주교 서품을 받았으면 자신의 교구만이 아니라 세상 전체를 향해 외쳐야 될 부분도 있다는 것이다.

가장 작은 교구의 책임자인 그가 한국 천주교회 얼굴처럼 비쳤고, 7만 명의 신자를 가진 교구의 주교인 그가 500만 명이 넘는 한국 천주교회의 대표자로 보였다. 주교회의 의장이라는 직책 때문이었을 텐데 때로는 그의 발언의 무게와 그의 자리의 크기가 균형이 맞지 않는 듯했다. 한국천주교회 최고의결기구인 주교회의 의장은 무기명 비밀투표, 이른바 교황선거 방식으로 선출되어 주교단을 대표하지만 다른 주교들의 상급자는 아니고 한국천주교회 대표자라고 하기에도 애매하다.

그의 목소리가 자주, 크게 울리면 울릴수록 그에 대한 불만과 비난의 목소리가 커진 것도 이 때문이었다. 교회 안에서 주교회의의 권위를 그가 독차지하는 것 아니냐, 그가 주교회의의 이름을 사회적 발언에 이용하는 것 아니냐는 비판도 있었다. 심지어는 그를 '종북 사제' '붉은 사탄'이라고 비난하는 사람들도 있다.

억압받는 사람들은 힘들 때 천주교회를 쳐다봤다. 거기에서 위안을 얻고 힘을 구하고 때로는 거기에서 잠시 쉬어가기를 원했다. 70~80년대 김수환 추기경이 있던 천주교회가 그랬던 것처럼 그들에게 교회가 손 내밀어주기를 간절히 원했다. 그러나 교회의 분위기는 예전과 달랐다. 민주화의 성지라고 불리던 명동성당에서 농성자들이 쫓겨나기도 했고, 그들이 내미는 구원의 손길을 교회가 외면하는 일이 적잖이 벌어졌다.

반론도 만만치 않다. 70~80년대 반독재 민주화 시절, 정의와 불의가 너무도 분명하던 시절 천주교회가 불의한 세력에 저항하던 사람들을 껴안는 것은 당연한 의무였지만 지금은 그런 시대가 아니라는 것이다. 지금은 선과 악이 다투는 시절이 아니라 진보와 보수라는 서로 다른 가치가 부딪히는 상황이라는 것, 보수와 진보는 생각의 차이일 뿐 어느 한 쪽이 완전히 배제되고 어느 한 쪽이 정의를 독차지할 수는 없다는 것이다. 교회가 오로지 진보의 울타리 역할을 하는 것은 옳지 않다는 의견도 교회 안에 존재한다.

이에 대한 그의 입장은 확고하다. 정의가 세워지지 않고 거짓과 악이 판칠 때 그때 침묵하는 사제는 양떼를 지켜야 하는 목자가 짖지 못하는 개와 같다는 7세기 교황의 말까지 인용하며 사제들의 사회적 발언과 비판, 나아가 저항을 촉구한다.

> "오늘 누가 가난한 사람들이고 누가 잡혀간 사람들이며 누가 억압받고 있고 누가 앞을 못 보고 갇혀 있는지 관심이 없다면 작은 공동체 안에서 우리끼리 사랑한다고 외쳐봐야 예수의 진실한 사랑이 아니다." (2014년, 성탄 전야미사 강론에서)

——— 아버지 같았던 김수환 추기경

2009년 겨울 김수환 추기경 장례식은 우리 시대 거인의 이름에 걸맞은 장엄한 의식이었다. 그 의식의 정점에 강우일의 추도사가 있었다. 그의 추도사는 알아듣기 쉬웠다. 한 사람의 죽음을 추모하는 자리에서 써도 되나 싶은 단어가 곳곳에서 동원되었다.

예를 들면 이런 표현들, "추기경님을 흠모하는 팬들이 많다는 것은 알았지만" "추기경 정도 되는 분을 이 정도로 족치신다면" "주님, 이제 그만하면 되지 않았습니까? 우리 추기경님 이제 좀 편히 쉬게 해주십시오."

불경스럽다는 말이 나올 수도 있는 말이지만 강우일은 자신 있게 이런 말을 썼다. 고인과의 절대적 신뢰와 애정이 없었다면 이런 표현 쓰지 못한다. 추도사는 마치 아들이 아버지 간병하듯 그가 김수환 추기경의 상태를 매일매일 챙기고 있었다는 것을 자연스럽게 보여준다. 소박한 민초들의 언어로 투병 중에 보인 김수환 추기경의 인간적 모습도 자연스럽게 드러낸다. 배변만큼은 당신의 힘으로 하고 싶었으나 그 마지막 자존심마저 포기해야 했다는 구절은 김수환 추기경이 우리와 조금도 다를 것 없는 작은 인간이었음을 환기시켰고, 온 국민은 다시 한번 깊이 김수환의 삶에 공감할 수 있었다.

추도사의 백미는 "많이 아껴주셨던 강우일이 인사 올립니다"라는 마지막 문장이다. 이 한 문장으로 두 사람이 개인적으로 얼마나 각별한 관계였는지, 인간이 나눌 수 있는 애정과 믿음이 얼마나 깊을 수 있는지 알 수 있다. 죽음이 갈라놓은 이별 앞에서 헤어짐의 아픔을 이렇게 담담하게 보여주기란 쉽지 않다.

두 분이 약주라도 한 잔 하시면 김 추기경께서 '어이 우일이, 아니면 야 강우일' 이렇게 부르기도 했던 거 아닌가요?

"저를 아들같이 대하신 것은 맞는데 교회에서는 품을 받으면 존칭을 씁니다. 그렇게 막 부르시지는 않았습니다."

그렇게 부르고 그렇게 불리는 관계였으니 강우일이 그 엄숙하고 모든 국민의 눈과 귀가 집중된 추도사 자리에서도 그런 표현을 할수 있었을 것이라고 생각했는데, 그는 가볍게 웃으면서 아니라고 답했다.

어쨌든 이 추도사를 통해 온 국민이 애도하는 국민적 장례식의 실질적 맏상주가 다른 사람이 아닌 강우일이라는 것이 분명해졌다.

그는 말의 힘을 잘 아는 사람이다.

──── 교회의 '잘못된 겉칠' 벗겨내야

그가 말의 힘을 아는 사람이라는 또 하나의 예는 교종(敎宗)이라는 단어의 사용이다. 많은 사람들이 가톨릭교회 수장을 교황이라고 부르고 있음에도 불구하고 그는 고집스럽게 교종이라는 단어를 쓴다. 교종이란 말은 예전에도 썼던 말이고 교회의 으뜸이란 뜻이니 크게 틀린 말도 아니지만 말은 어 다르고 아 다른 법이다. 교회의 황제라는 뜻과 교회의 으뜸이라는 말은 어감부터 확연히 다르다. 강우일은 신임 주교들에게 이런 취지의 말을 한 적이 있다.

"교회가 오래되고 덩치가 커지면서 관행과 관례가 생겼다. 교회는 지혜도 생겼지만 고집도 세졌다. 초대교회에는 사제도 없고 주교도 없었다. 오직 형제와 벗이라는 말을 썼을 뿐이다. 지금의 교회 모습과는 많이 달랐다. 그런데 지금의 교회 모습을 교회의 본질인 양 오해하고 곡해하는 사람들이 있다. 교회의 잘못된 겉칠을 벗겨내는 작업을 여러분들이 해야 한다." (유경촌·이한택 주교 서임 축하모임에서)

그가 말하는 교회의 '잘못된 겉칠'에는 전제적 군주 같은 교황의 존재도 포함되는 것은 아닐까. 예수의 죽음과 부활로 만들어진 최초의 공동체 지도자가 지금의 교황 같은 모습은 아니라고, 교황을 정점으로 하는 피라미드 구조의 현 교회제도가 교회의 본질은 아니라고 말하고 싶은 거다. 이런 말을 할 때 그의 생각은 막 잡아올린 생선의 날비늘처럼 싱싱하다. 시퍼렇게 날이 살아 있는 칼 같다. 일흔다섯 노인네의 생각이 이렇게 말랑말랑하고 유연하고 급진적일 수 있을까.

천주교회는 일반인들의 눈에는 베일에 싸인 조직이다. 비밀이 많고 가려진 게 많다. 그래서 음모론이 끊이질 않는다. 35년 동안 주교로 있으면서 베일 속의 권력 게임을 치르기도 하고 때로는 지켜봤을 그에게 물어보고 싶은 게 많았는데, 이런 것을 물어도 되나 싶어 조심스러웠던 게 사실이다. 그는 어떤 질문도 거부하지 않았고 능구렁이처럼 답을 피하지도 않았다. 답이 길지 않고 상세하지 않은 것은 몸에 밴 절제 때문이거나 질문이 무뎠기 때문일 것이다.

2017년 정권 교체 이후 그의 사회적 발언은 줄어든 반면 깊이는 훨씬 깊어졌다. 그는 최근 심각하게 국가란 무엇이냐고 묻는다. 국가를 위해 개인이 죽어야 하고 국가를 위해 개인의 권리를 양보해야 한다면 그런 국가가 왜 필요하냐고 묻는다. 국가를 신화화하고 우상화하는 시도가 일본이나 미국에서 나타나고 있고 우리나라도 그런 조짐이 없지 않다는 것이 그의 분석이다. 국가가 그리도 신성하고 절대적 가치를 지니는 것인지 비판하고 의심하자고 말한다.

위대한 조국을 위해서라면 이 한 목숨 기꺼이 바치는 것은 당연한 일이라고 생각하는 사람들에게 강우일의 이런 생각은 위험천만하고 불온하게 보일 수 있다. 공동체의 근본 원리를 위협하고 부정하는 말로 들릴 수도 있으나 그에게 한 인간의 생명과 권리는 그만큼 소중하다. 그런 점에서 강우일은 역시 래디컬하다.

——— 은퇴 후에도 이어질 제주에서의 여생

염수정 추기경 서임 축하식에서 강우일은 이렇게 말했다. "되도록 지위 높고 힘 있는 사람들은 덜 만나고 이름 없고 기댈 데 없는 사람들 많이 만나시라."

2010년 인천 교구 신임주교 축하식에서는 이런 말도 했다. "주교가 되면 신부일 때와는 달리 몇십 가지가 달라진다. 입는 옷부터 달라지고 비서가 생기고 기사도 붙는다. 그러다 보면 교만해지기 십상이다. 당연히 자신은 예수 진영에 속해 있다고 생각하지만 어느새 마귀 진영에 있는 자신을 발견한다. 그래서 천국에는 주교들이 백 년에 겨우 한 명만 들어간다는 농담이 있는 것이다. 25년 주교 생활한 사람의 덕담이다."

이 두 가지 사례를 들면서 조심스럽게 물었다.

제가 염 추기경이라면 주교님 조언이 상급자의 훈계처럼 들렸을 거 같습니다.

"염 추기경님과는 서울 대교구에서 같이 일하기도 해서 그렇게 서먼한 관계는 아닙니다. 그 정두 이야기는 해두 괜찮다고 생각해서 한 이야깁니다만 듣고 보니 그럴 수도 있었을 거 같습니다…. 제가 교만한 데가 있을지도 모릅니다. 하느님 앞에서 제가 제일 고백하고 속죄하는 부분도 저의 오만함에 대해서 어떻게 하면 벗어날 수 있을까 하는 부분입니다."

이 말을 하는데 분위기가 잠시 숙연해졌다. 급히 화제를 돌려 정년 이야기를 물었다. 10월이면 만 일흔다섯 살, 교회법에 따르면 올해 정년이다. 빠르면 올 연말 늦어도 내년이면 은퇴를 한다. 은퇴 후의 계획을 물었더니 조용히 살고 싶단다. 힘들어하는 사람들의 이야기나 들어주면서 조용히 제주에서 살고 싶단다. 그가 없는 제주를 벌써부터 걱정하는 사람들이 많은데 은퇴 이후에도 제주에 근거지를 둘 것이란 말은 그들에게 반가운 소식이겠다. 지금처럼 버스를 타고 어려운 사람들의 삶의 현장을 찾는 온유한 사제의 모습을 볼 수 있을 테니 말이다.

덧붙임 | 인터뷰는 2020년 6월에 있었다. 강우일 주교는 2020년 11월 제주교구장직에서 은퇴했다.

남을 위해 산 시간이 짧았다는
'국민 경제교사'

무엇보다 나의 행복을 위해 나눈다는
국민 윤리교사

자신의 이름을 숨기고 한 행동은 아니지만 그렇다고 동네 방네 알리려는 생각도 없었다. 박승은 지난해 모교인 백석초등학교와 이리공고에 각각 10억 원과 7억 원을 기부했다. 지난 2011년에는 백석초등학교에 5억 원을 보내 도서관을 세웠고 매년 도서관 운영비로 1000만 원을 보냈다. 2013년 김대중평화센터에 3억 원, 모교인 서울대와 재직했던 중앙대, 부인의 모교인 이화여대와 이리여고에 각각 1억 원을 기부했다. 유학을 다녀온 미국 올버니(Albany) 소재 뉴욕주립대에 10만 달러를 내놨다. 한국은행 총재 시절에는 급여의 20% 정도를 어려운 이웃들과 고향 사람들과 나누어왔다. 그의 지금까지 언행을 보면 알려지지 않은 선행도 많을 것이다.

　돈만 기부한 게 아니다. 사후 안구 기증도 약속했다. 원래는 장기 기증을 하려고 했는데 나이가 들어 장기 기증은 어렵다는 말을 듣고 안구만 기증하게 됐다. 2남3녀를 두었고 11명의 손주가 있다. 손주들 크는 것을 보고 이들과 노는 것이 제일 즐거운 일이라고 하는데, 눈에 넣어도 아프지 않을 손주들에게 얼마라도 남겨주고 싶은 마음이 어찌 없을까. 자식들이 다 먹고살 만하다지만 그래도 마음에 걸리는 자식이 있을 것이다 수업료를 내지 못해 시험을 못 보고 교문 앞에서 쫓겨났던 설움이 뼛속까지 박혀 있으니 돈에 포원이

진 사람일 텐데 아낌없이 내놓고, 나누었다. 살고 있는 집과 여생을 보낼 얼마의 돈을 남기고 모두 정리했다.

30년 전부터 재산을 자식들에게 남겨주지 않겠다는 말을 공개적으로 해왔다. 방송에 나가서도 유산을 절반만 자식들에게 물려주고 나머지는 사회에 내놓자 했고, 신문과 잡지 기고에도 마치 못을 박듯이 말을 반복했다. 1998년 8월 18일 『한국일보』에 기고한 시평 제목은 「재산 상속 하지 말자」였다. 그 약속을 지키고 있는 셈이다.

아들 둘과 세 사위가 모두 박사 학위를 얻어 대학과 연구기관에 있다. 먹고사는 데 지장은 없는 편이라고 하는데 돈이라는 게 많으면 많을수록 더 갖고 싶은 거 아니던가. 자식들의 반응이 궁금했다.

"어렸을 때부터 그렇게 말씀을 하셔서 모두 당연한 것으로 알았습니다. 어렸을 때는 형편이 그리 넉넉하지 않은데 그런 말씀을 자주 하셔서 속으로 물려주실 재산도 없는 거 같은데 뭐 이렇게 말씀하시나 싶었지요." (장남 박진, KDI 국제정책대학원 교수)

지난 2006년 한국은행 총재 재임시절 공개한 재산은 45억 원이었다. 거의 무일푼으로 사회 생활을 시작했고 평생 교수였던 것을 생각하면 적지 않은 부를 일군 셈이다. 가난을 극복하기 위해 경제학을 선택한 사람답게 재테크에 적극적이었다. 이익을 추구하는 것, 돈 버는 것을 미덕으로 가르치는 시스템이 자본주의고 이 사람은 철저한 자본주의 신봉자였다. 이윤의 추구는 미덕이었기에 그 미덕을 적극적으로 추구했다. 주식 투자에 상당히 적극적이었고 주식 투자가 재산 형성에 크게 기여한 듯싶다. 회고록에도 공직에 나갈 때마다 가지고 있던 주식을 정리했다는 말이 나온다. 2003년 공직자 재산 공개를 보면 한 해에 주식 투자 손실로 9억 원이 줄어들기도 했다. 주식 투자 규모가 컸다는 것을 알 수 있다.

부동산 투자 옆에는 간 적도 없다. 아파트 청약을 한 적도 없고 아파트 청약 예금을 들어본 적도 없다. 본인뿐 아니라 직계가족 모두 그러했다. 살 집이 있는 사람이 왜 아파트 청약을 하느냐고 했다. 단독주택 관리하기가 어려워 일흔 넘어 지금 사는 아파트로 이사 오기 전까지 아파트에 살아본 적도 없다. 부동산 투기는 공동체의 이익, 후대의 이익을 침해하는 것이라는 게 소신이다.

——— 무일푼 청춘의 낙관주의

중학생 때 한국전쟁을 온몸으로 겪었다. 한창 예민한 시절에 경험한 전쟁은 이념의 무상함과 정치의 무서움을 가르쳐줬다. 무고한 친구들이 죽었고 동네 형들이 서로가 서로를 죽이는 것을 봤다. 소름 끼치게 무서운 경험이었다. 나는 절대로 이념에 물들지 않겠다, 정치를 하지 않겠다고 다짐했다. 몇 차례에 걸쳐 정치권의 권유가 있었지만 한사코 거절한 것도 그 때 정치의 비정함을 절감했기 때문이라다

"중학교 삼학년 때 전쟁이 났는데 나랑 같은 클라스 메이트가 빨치산에 들어가서 죽은 사람도 있고 나하고 같이 기차로 통학하던 이, 삼년 선배들, 지금으로 치면 고등학교 이, 삼학년들이 인민군으로도 죽고 국군으로도 죽었어요. 열다섯 명 가운데 살아남은 사람이 네 명뿐입니다. 그 살아 있는 사람 중에 내가 들어가 있고…."

그 시대 사람들 대부분이 그러했듯 이 사람 역시 가난했다. 논일 밭일 하면서 뼈마디가 굵은 흙수저였다. 자신의 가난을 이기고 이 사회의 가난을 극복하는 데 기여하기 위해 경제학자가 되기를 꿈꿨다. 전북 김제 농촌에서 소작농의 아들로 태어나 서울대 상대를 졸업하고, 엘리트 중의 엘리트가 모이는 한국은행 조사부에 들어가고, 미국 유학을 다녀와 나이 마흔에 중앙대 교수가 되기까지 이 사람 행적은 급격한 출세의 계단을 성큼성큼 뛰어오르는 모습 그대로다.

이리공고를 졸업한 뒤 1954년 해군사관학교에 합격했지만 경제학을 공부하고 싶다는 열망 때문에 해사 입학을 포기했다. 혼자 1년 동안 독학해서 서울대 상대에 합격했다. 학원을 다닌 것도 아니고 김제 농촌 마을에서 이 사람에게 조언을 해줄 사람도 없었다. 아버지는 중풍으로 누워 계시고 어머니는 환갑을 넘긴 노인이었다. 3000평 남짓한 농사일이 오롯이 이 사람 몫이었다. 낮에는 농사짓고 밤에는 공부를 하는 말 그대로 주경야독이었다. 전기가 들어오지 않아 등잔불 밑에서 공부했다. 집에는 라디오도 없고 시계조차 없었다. 대학 진학을 꿈꾸는 것 자체가 무리였다.

1955년 서울대 입시를 보기 위해 난생 처음으로 서울행 기차를 탔을 때 어머니는 점심으로 고구마 다섯 개를 싸줬다. 엄청난 노력, 극적인 이야기가 있을 법한 대목인데 이 시절을 기록한 회고록은 소략하고 덤덤하다.

나는 낮에는 열심히 일을 하고 밤에는 석유등잔 불을 켜놓고 공부하는 주경야독의 한 해를 보냈다. 내가 직접 일을 하기 때문에 농사도 잘되고 집안 형편도 나아져서 한 해 동안 쌀 다섯 가마가 저축되었다. 이것은 등록금 등 입학 수속 비용을 내는 데는 충분한 것이었다.

성공의 기억이 이 사람을 지배하고 그 기억을 인생의 동력으로 삼아 살아온 사람이다. 낙관주의자, 긍정론자이다. 인생의 어두운 쪽, 그늘진 곳에 시선을 주지 않는다. 태생이 그러하겠지만 의도적인 노력도 있을 것이다. 1972년부터 2년 동안 미국 올버니에 있는 뉴욕주립대학교에 유학해서 2년 만에 석사와 박사 학위를 따고 돌아왔다.

"석사는 구개월 만에 했고 일년 남짓 뒤에 박사 학위까지 했습니다. 그게 가능했던 것은, 대개 박사 학위가 오래 걸리는 것은 논문 때문입니다. 그런데 나는 한국은행 조사부에서 근무할 때 논문 구상을 다 하고 갔어요, 유학 갈 때 논문 제목 정해서 자료까지 한국에서 다 뽑아 가지고 갔어요. 그래서 박사 논문 쓰는 데 육개월밖에 안 걸렸습니다."

이 사람 표현을 빌리면, 바늘 하나로 바위에 구멍을 뚫는 일을 해내고 돌아온 뒤로는 인생이 순풍에 돛 단 배였다. 1976년 중앙대 교수가 된 이후 막힘없는 언변과 경제 지식으로 명성을 얻었다. 1970년대부터 2000년대까지 이 사람 글이 거의 매달 주요 신문에 실렸다. 방송에도 수시로 출연하며 대중들에게 이름과 얼굴을 알렸다. 회고록『하늘을 보고 별을 보고』말미에 일간지와 잡지에 기고한 칼럼 리스트가 있다. 얼추 헤아려도 수백 편이 넘는다.

이름이 알려지면서 학계·관계·기업 등으로 활동 폭을 넓혔다. 중앙대에서는 정경대학장과 대학원장을 맡았고 학계에서는 한국경제학회 회장, 국제경제학회 회장의 감투를 썼다. 고시 출제위원, 금융통화위원, 정부정책 자문위원, 경제개발5개년계획 조정위원장 등 회고록에 직접 언급한 직함만 20개가 넘는다.

그렇다고 본업인 대학교수 일을 소홀히 한 것도 아니다. 강의실에 들어가면 '신들린 무당이 작두 타듯' 강의를 했다. 강단에 서기만 하면 말문이 막힌다는 사람도 있다지만 특유의 달변으로 학생들을 사로잡았다. 이론과 현장에서 직접 겪은 경험을 섞은 이 사람 강의는 중앙대에서 손꼽히는 명강의였다. 주로 경제발전론·국제경제론·경제원론을 강의했는데 강의 노트 하나로 몇 년을 버티는 교수가 아니었다. 1970년대부터 강의가 끝나면 학생들에게 강의 평가를 자청했다. 학생들의 평가를 들어야 자신이 교수로서 뭐가 부족하고 개선해야 할지 알 수 있다는 생각 때문이었다. 1995년 경제발전론 강의 평가에서 수강학생 65명 중 매우 유익이 57명, 유익이 8명이었다.

─── '조직의 이익이 나의 이익'

1976년부터 정부 기관지 역할을 하던『서울신문』의 경제 담당 객원논설위원으로 3년 동안 일했다. 많게는 일주일에 다섯 번 사설을 썼다. 통단 사설을 30분이면 써냈다는 전설 같은 이야기가 이 때 생겼다.

『서울신문』이 정부 기관지 역할을 할 때이고 유신 말기였는데, 그런 상황에서 어려운 점은 없었습니까.

"그런 것은 별로 없었습니다. 거기로 갈 때 주필이던 남재희 씨에게 이것 써라 저것 써라 간섭하는 것 아니냐? 했더니 절대 그런 거 없다는 거예요. 정치는 좀 문제가 있지만 경제는 그런 거 없다. 그런 다짐을 받고 가서 한 번도 사설 쓰는 데 간섭을 받은 적이 없어요. 경제는 논리로 쓰는 거니까…."

글발이 좋았던지 유력 신문사 사주로부터 스카우트 제안을 받기도 했단다. 엄혹한 유신 독재 말기였는데 이 사람은 정치와는 무관하게 오직 경제논리로만 사설을 썼다고 했다. 정치와 경제가 그렇게 선연하게 금이 그어질 수 있는 것인가 하는 생각이 들었다.

박정희 군사정권과 이 사람 사회생활은 시작을 같이한다. 의식했든 의식하지 못했든 이 사람은 그 시대의 일원이었다. 성취 지향, 실용 우선이라는 시대정신의 세례를 받았고, 초고속으로 성장한 경제만큼 이 사람 출세 속도 역시 빨랐다. 그 시대에 기여한 게 있었고, 그 시대로부터 받은 것도 많았다. 가난에서 벗어나 부를 이뤘고 명예를 얻었고 권력을 누리기도 했다.

공동체의 이익을 위해 개인의 이익을 유보해야 한다는 것이 그 시대 논리였다. 이 사람은 공동체의 이익을 위해 개인의 이익을 희생해야 된다고 생각하는 것은 아니지만 공동체의 이익을 해치면서 개인의 이익을 추구해서는 안 된다고 믿는다. 이 주장이 개발경제 시대, 성취 지향의 시대정신과 무관하지 않다.

"내가 클 때 현재의 내가 되리라는 것은 꿈도 못 꿨습니다. 고등학교는 졸업할 수 있을까. 대학을 갈 수 있을까. 대학을 가서는 직장을 잡을 수 있을까. 대학교수가 될 수 있을까 생각했지 내가 장관도 하고, 한은 총재도 하고 지금처럼 사회가 인정해주는 사람이 되리라고는 전혀 생각을 못했어요. 그런데 무엇이 나를 이렇게 만들었을까. 내가 보통 사람들과 조금 다른 것이 조직의 이익이 내 이익이라고 생각하며 살았어요."

─── 엄혹한 시절, 분노했지만 저항하지는 않았다

이 사람이 대학에 몸담고 있는 동안 학원가는 독재정권에 항의하는 학생들의 시위로 잠시도 조용한 적이 없었다. 대학은 시대의 고뇌가 가장 첨예하게 드러나는 역사의 현장이었다. 80년대 전두환 정권의 폭압적 통치에 반감과 분노를 느꼈고 제자들을 보호하기 위해 애썼다지만 적극적인 정치적 의사 표시는 하지 않았다. 교수들의 시국성명에 이름을 올리지도 않았고, 정치권과 가깝다는 말을 듣지도 않았다. 고고하게 연구실에만 머물렀던 사람이 아니었던 것을 고려하면 독재정권 시절 이 사람의 정치적 침묵은 그 자체로 의미를 갖는다. 경제 분야의 손꼽히는 논객이었고 스타 교수였지만, 누구에게는 '폴리페서'로 보이기도 했고 처세의 달인으로 보이기도 했다. 우리 편이 아니면 곧 적으로 몰리기 십상이던 시절에 어느 쪽에도 서지 않았다고 했다. 그것은 어려운 줄타기였을 것이다.

1980년 광주에서 어떤 일이 벌어지고 있는지 지하신문을 보고 알았다. 아들 박진은, 당시 박승이 지식인으로서 무력감 때문에 고통스러워했고 박승의 인생에서 가장 큰 좌절감을 맛본 시기라고 말했다. 이 사람은 지극히 고통스러워했고 무력감에 시달렸지만 거기에서 그쳤다. 앞장서 학살 행위를 규탄하지도 않았고 이 비극적인 사실을 적극적으로 전파하려 하지도 않았다.

"그 때 언론은 전부 검열 돼서 빈칸으로 엉망으로 나올 때고 지하

신문이 돌아다닐 때인데 그것을 보고 치밀어오르는 울분을 달래기 위해 북한산을 갔어요. 백운대 쪽에 가면 폭포가 있습니다. 거기 가서 한참을 분을 삭이고… 그런 일이 많았어요. 그만큼 내가 울분을 느끼고 전두환 정권에 대해서 반감을 가졌죠. 그런데 그것을 내가 정치적으로 표현한 적은 없습니다. 시국선언에 서명을 한다거나 어딜 시위 현장에 간다거나 하는 것은 나는 절대 정치에 관여하지 않는다는 내 삶의 원칙에 어긋나는 일이라고 생각했습니다.”

광주의 피 냄새가 여전히 진동하던 1980년 6월에 일간지에 모두 세 편의 글을 썼다. 「한국 경제의 활로」(1980.6.2., 동아일보), 「경제 위기 극복할 수 있다」(대담, 1980.6.14., 동아일보), 「산업구조 개편의 길」(1980.6.17., 서울신문)이 기록에 남아 있는 이 사람 글이다. 많은 사람들이 말하지 않거나 침묵을 강요받던 시절이었지만 부지런히 글을 썼다. 경제에 대해서 말이다. 그것이 우리 공동체에 기여하는 방법이라고 믿었던 것이다.

───── 일면식도 없이 만난 은인 노태우

노태우 정권 출범 후 청와대 경제수석 비서관으로 발탁됐다. 노태우와는 일면식도 없었다. 그렇다고 정부에서 일하게 된 것을 전혀 뜻밖이라고 생각한 거 같지는 않다. 전두환 정권하에서 금융통화위원 등 다양한 타이틀로 정책 수립과 집행에 직간접적으로 관여했고, 그런 일에 흥미를 느꼈음에 틀림없다. 널리 이름이 알려진 경제학자로 한번쯤은 그런 기회를 갖고 싶었을 것이다. 그 소식을 들었을 때 기뻤다는 것을 부정하지 않았고 노태우를 은인으로 생각하고 있다.

"노태우 대통령과는 일면식도 없습니다. 그런데 내가 거기로 간 것은 두 가지 이윱니다. 이분이 뿌리는 군부에 있지만 국민의 선택을 받은 사람이다. 또 하나는, 내가 맡은 일이 경제이기 때문에 그 분야에서 능력을 발휘해서 국민에게 봉사하는 것은 해야 될 일이라고 생각했죠."

대통령과 일면식도 없다는 것, 행정부 경험이 없다는 것은 쉽게 극복하기 힘든 어려움이었다. '실세 수석'이라는 말을 듣지는 못했다. 청와대 비서실이 내각을 장악하는 것이 바람직스러운 일이 아니라는 게 이 사람 지론이기도 했지만, 정권 창출에 기여한 것이 없는 '교수 출신'의 한계를 실감한 시절이기도 하다. 경제수석으로 일한 지 열 달이 못 돼 건설부 장관으로 옮겼다. 언론은 '좌천성 영전'이라고 표현했다.

경제수석으로 청사진을 그린 주택 200만호 건설을 구체화하는 것이 건설부 장관으로 최대 과제였다. 분당과 일산 등 제1기 신도시 건설은 엄청난 사회적 반발과 풍파를 불러왔다. 현지 주민들의 반대 데모가 잇따랐고 국회에서는 여야 만장일치로 신도시 재검토 결

상 1989년, 건설부장관 임명장을 받다.
하 2003년, 금통위 회의 장면.

의안이 통과되기에 이르렀다. 국회에서, 언론에서 심지어는 정부 안에서도 호된 비판을 들었고 단 하루도 편한 날이 없었다. 결국 그만두겠다고 자청했고 8개월 만에 경질됐다. 신도시 건설사업의 기반을 모두 닦은 뒤라서 홀가분하게 장관직을 떠났다지만 명예로운 퇴진은 아니었다. 첫 공직생활은 영광보다는 상처가 컸다.

장관이라는 자리가 좋은 자리 같지만 사실은 외화내빈이란다. 8개월 동안 장관직을 수행하면서 개인 돈을 2000만 원 이상 썼다고 했다. 늘 시간에 쫓겼고 민원에 시달렸고 칭찬 받는 일보다 비난 받는 일이 훨씬 더 많았다. 그렇다고 돈을 많이 받는 것도 아니었다. 시간도, 경제적으로도 여유를 주는 교수라는 직업을 제대로 즐긴 것도 이때부터다. 더구나 전직 수석에 장관직을 경험한 사람이었으니 이 사람 말은 더 무게감을 갖기 시작했다. 장관직에서 물러난 뒤에도 여전히 이 사람을 찾는 기관과 언론, 단체는 많았다.

진보, 보수의 두 대통령 모두에게 충심을

대학을 정년 퇴임한 직후 김대중 정부의 두번째 한국은행 총재로 임명됐다. 김대중과는 일면식도 없었다. 호남 출신에 대표적 경제 논객이었던 이 사람이 김대중이라는 정치인을 한국은행 총재 임명장을 받을 때 처음 독대했다는 것은 의외다. 정치권과 거리를 두며 살아왔다는 뜻일 수도 있지만 진보 진영에서 이 사람을 보수 인사로 인식했다는 의미일 수도 있겠다. 애초 김대중 정부 출범 직후 유력한 한국은행 총재 후보로 거론되었지만 중학교 후배이자 대학 후배인 전철환에게 밀렸다.

"전철환 씨가 되고 내가 안 됐어요. 충분히 이해했습니다. 왜냐하면 디제이(DJ) 눈으로 보면 나는 때묻은 사람이고 전철환 씨는 개혁 성향입니다. 고시를 합격하고 관료를 한 뒤에 충남대 교수로 있으니까 개혁성이 돋보였을 거예요."

2001년 전철환 총재 후임으로 한국은행 총재로 지명되었다. 노태우 정부에서 고위직을 지낸 사람이 진보 정권에서 다시 중용된 것은 의외였다.

"내가 신문에 글을 많이 썼습니다. 내 글을 보고 김대중 대통령이 나에 대해 관심을 많이 가지고 있다는 말을 들었어요. 내가 공적자금관리위원장 하면서 국회 불려 나가서 질의 답변하고 그러는데 김대중 대통령이 아주 적절하게 잘했다고 했다는 이야기는 들었는데, 아마 그런 것이 이유가 된 것 아닌가 싶어요."

회고록에서 한국은행 총재 지명 소식을 들은 소감을 "나는 그렇게 기쁠 수가 없었다"라고 표현했다. 사회에 첫발을 내디뎠던 '친정' 한국은행의 수장이 된 기쁨이 컸고 한은 독립성 강화, 화폐개혁 등을 추진할 수 있는 기회를 갖게 된 것도 기뻤다. 한국은행 총재 시절

을 자신의 황금기라고 말한다. 한국은행 독립성 강화를 위한 한은
법 개정을 이루어냈고 직원들의 평가도 좋았다.

"한은에 가서 여성 우대 정책을 많이 했죠. 가서 보니까 한국은행에
국장급 이상 여성이 한 사람도 없어요. 이래서는 안 되겠다. 그래서
여성을 해외 유학도 많이 보냈습니다. 지금은 여성 비중이 커졌습
니다. 한 삼사십 퍼센트 될 겁니다."

김대중 정부에서 1년, 노무현 정부에서 3년을 보내면서 행복했다.
두 진보 대통령과의 관계도 매끄러웠다. 이 사람 총재 재임 중 한국
은행 직원들은 식당에서 박승을 만나면 밥값 걱정은 하지 않아도
되었다. 늘 직원들의 밥값을 내주었는데 그 때 이 사람은 한국은행
직원들의 뒤꼭지만 봐도 예뻤단다. 4년 임기를 마치고 퇴임할 때 직
원들이 감사패를 증정했다. 감사패 문구는 이 사람이 듣고 싶었던
말일 것이다.

한국은행과 한국은행 직원을 가장 사랑한 총재님. 한국은행 독립성
과 위상을 높이기 위해 혼신의 노력을 다한 총재님. 한국 경제의 어려
움을 극복하기 위해 사심 없이 고뇌하신 총재님!

자신을 공직에 발탁해준 노태우, 김대중 두 대통령을 퇴임 후에
각별하게 대했다. 노태우 대통령이 건강할 때는 같이 운동을 하거

나 부부동반으로 만남을 가졌고, 수감되었을 때도 몇 차례 면회를 다녀오며 의리를 저버리지 않았다. 김대중 대통령이 퇴임한 이후 수시로 부부동반 모임을 가졌다. 아태재단에도 이름을 올리고 적극적으로 행사에 참여했다. 김대중 대통령은 만나면 만날수록 고개가 숙여지는 사람, 시간이 가면 갈수록 더 높은 평가를 받을 위인이라며 높이 평가했다. 김대중 대통령이 타계하고 아태재단이 운영비 때문에 어려움을 겪을 때는 3억 원을 기부하기도 했다.

"내가 그 돈을 내게 된 것은 디제이가 돌아가시고 나서 이희호 여사를 모시는데 돈이 없어 쩔쩔맨다는 이야기를 들었어요. 거기 일하는 사람들 월급을 제대로 주지 못한다는 겁니다."

어떤 사람들은 두 명의 대통령에게 정성을 다하는 모습을 보고 어떻게 두 개의 하늘을 섬길 수 있느냐며 다소 뜨악한 눈길로 바라보기도 했지만 자신을 알아봐주고 발탁해준 고마운 은인에 대한 마땅한 도리라고 생각한다.

─── 말과 글에 책임지려는 삶

최저임금 인상, 법인세 인상, 증세를 통한 복지 확대, 부동산 보유세 강화 등은 이 사람이 10년 넘게 주장해온 내용들이다. 2017년 문재인 캠프에 영입된 것도 이런 주장을 문재인과 그의 참

모들이 귀기울여 들었기 때문일 것이다.

야당 시절 문재인 캠프 '국민성장'의 자문위원장을 맡았을 때 모습은 이 사람이 정치인의 자질을 어떻게 숨기며 살았나 싶은 생각이 들 정도다. 대우조선 도산 사태와 관련해 죽어가는 기업을 살리려는 노력은 제대로 하지 않고 여기서 한몫 챙기려는 사람들의 모습을 하이에나에 비유했다. 그 때 이 사람의 언어는 학자의 것이 아니라 정치인의 언어였다. 제1야당 유력 정치인 캠프의 좌장이 되었다는 생각으로 다소 흥분했던가, 정치의 영역으로 쑤욱 한 발을 내딛는 듯싶었는데 그 이상 나가지는 않았다. 현 정부 출범 이후 정권과 일정한 거리를 두고 살았고, 정권에서도 이 사람을 찾지 않았다.

올해 여든다섯 살인데, 방송에 나와서 말을 하는 것을 보면 지금이라도 일을 맡기면 너끈히 해낼 것처럼 정정하다. 지금도 스스로 운전하고 다니고 매일 운동을 거르지 않는다. 평창동 자택 서재에서 각종 수치가 빼곡히 적혀 있는 수십 쪽짜리 노트 두 권을 보여주었다. 지금도 어디서 본 기록, 들은 이야기, 신문 기사, 한국은행 등 경제기관 통계 등을 이런 식으로 적어 둔다.

"설득력이라는 것은 쉽게 설명하는 거고 그러기 위해서 주변의 구체적인 사례와 경험을 연관시키라고 했잖아요. 숫자가 그 중에 하나입니다. 그냥 막연히 이야기하는 것과 숫자로 들이대는 것은 설득력이 다릅니다. 나는 한은 조사부 시절부터 훈련된 것도 있지만 숫자가 꼭 있어야 한다는 생각을 가지고 문제에 접근하고 그 숫자와

노부부의 행복한 어느 오후

최근의 상황을 팔로우업하는 것은 내 노력이죠."

국민 경제교사 같은 존재였는데 요즘에는 국민 윤리교사 역할도 맡은 듯하다. 곳곳에서 이 사람을 찾는다. 기부 사실이 알려진 뒤에는 찾는 사람들이 더 늘었다. 어떤 자리이든 초대 받을 자격이 있고 초대 받은 자리에서 당당하게 발언할 자격이 있다. 이 사람의 행동은 다른 사람의 귀감이 되기도 하지만 채찍이 되기도 한다. 우리 사회에 책임질 수 없는 말과 글을 앞세우며 사는 사람들, 끊임없이 빚을 지며 사는 사람들이 얼마나 많은가. 그런 사람들에게 이 사람의 존재는 그 자체로 회초리다.

다섯 명의 자녀 중 네 명을 청첩장을 내지 않고 출가시켰다. 한국에서 결혼식 참석은 한나절을 허비하는 사회적 폐습이고 청첩장은 세금고지서나 다름없는 것, 주변 사람들에게 폐 끼치는 일이 싫었단다.

"위로 둘을 남에게 알리지 않고 결혼시켰더니 친구며 지인들이 섭섭하다는 거예요. 친구들 관혼상제에는 빠짐없이 다니면서 정작 자기 자식 혼사는 알리지 않고 치르니 친구로서 부담스럽다는 겁니다. 그래서 셋째는 주변에 청첩장을 삼사백 장 찍어서 돌리고 부를 사람들은 부르고 그랬습니다. 손님도 많이 오고 성대하게 결혼식을 했어요, 축의금도 많이 들어왔어요, 그런데 누구는 얼마 냈고 누구는 얼마 냈고를 기록하다 보니 이거 정말 할 짓이 못 되는구나 느꼈습니다. 그래서 그 밑으로 둘은 다시 가족들만 불러서 행사를 치렀습니다."

몇 번을 물었고 몇 번이나 답을 들었지만 그래도 궁금했다. 왜 이렇게 아낌없이 내놓는 것일까. 자기 자신의 행복을 위해서라는 이 노학자의 대답은 몇 번을 들어도 지겹지 않았다.

"사회를 위한 것이기도 하지만 나의 행복, 나 자신을 위한 것입니다. 이 사회에 태어난 한 자연인으로 주어진 내 몫을 하는 것이지요. 사람은 누구나 행복하기를 바랍니다. 개인이나 가족의 성취는 작은 행복입니다. 남과 사회를 위해 뭔가 기여할 때 더 큰 행복을 느낄 수 있습니다. 저의 큰 행복을 위한 일입니다."

─── 기득권자지만 기득권자의 편에 서지 않다

이 사람이 교수를 하고 장관을 하고 청와대 수석을 하고 한국은행 총재를 한 것, 진보 정권과 보수 정권에서 중용된 사연은 놀라운 성공담으로 보일 수도 있고 누구에겐 처세에 능하고 자리를 탐하는 지식인의 행보로 읽힐 수 있다. 여기까지라면 한 지식인의 출세 스토리 그 이상도 그 이하도 아니다. 그의 삶에 주목하는 것은 그가 여기에서 멈추지 않기 때문이다. 이 사람의 삶은 1950년대 이후 한국의 현대사와 겹친다. 4.19 당시 학우들과 함께 거리를 누였고 전두환의 군홧발 통치에 반감을 가지기도 했지만 저항적 지식인의 면모를 보였던 것은 아니다. 햇볕 가득한 양지를 걸었던 사람이고 그 과정에서 돈과 명예와 권력을 누린 사람이다. 이 사회에서 성공한 전형적인 기득권자의 길을 걸었지만 인생 마무리는 대다수 기득권자의 모습과는 사뭇 다르다.

"내가 가난을 겪었습니다. 가난이 얼마나 비참한지 내가 잘 압니다. '저 어려운 사람들을 내가 가난에서 어떻게든 구해야겠다' 그 마음으로 경제학을 공부했어요. 지금도 사회적 약자에 대한 마음이 큽니다…. 내가 아는 사람들은 대부분 사회적으로 출세한 기득권자들입니다. 나는 기득권자지만 기득권 편에 서지 않으니까 그 사람들과 의견이 맞지 않아요. 그래서 친구들 만나면 그런 이야기는 아예 안 합니다."

이 사람과의 만남을 통해 배운 것이 한두 가지가 아니다. 그 중 하나는 선입견이 무섭다는 것이다. 누릴 것 다 누린 사람, 많은 사람들이 고통 받을 때 거기에 함께하지 않은 사람이라는 선입견을 가지고 있었던 게 사실이고 이런 선입견이 이 사람의 일생을 제대로 보는 것을 어렵게 했다. 공동체에 기여하는 방법은 다양하다는 것, 보이는 것이 전부가 아니라는 것, 한 사람 인생을 쉽게 판단해서는 안 된다는 것을 이 사람은 말이 아닌 행동으로 보여주었다.

2010년 낸 회고록『하늘을 보고 별을 보고』엔 한국 현대사 주역들의 이름과 그 사람들과의 인연이 빼곡하다. 한국 현대사의 축소판인 이 책이 회고록이 갖춰야 할 미덕을 모두 갖추고 있는 것은 아니다. 마땅히 있어야 할 것 같은 게 빠진 부분도 있고, 보다 정교하고 상세한 기술이 필요한 부분이 통째로 생략되어 있는 듯하고, 고백해야 될 순간에 그 고백을 꿀꺽 삼키는 듯한 장면도 있다. 이런 모든 흠결을 회고록을 낸 이후 이 사람의 행동이 가려주고 보완해준다. 회고록 출판 이후 나눔과 기부를 통해 자신의 말만 앞세우는 사람이 아니라는 것을 보여주었다. 한 사람의 인생을 평가하려면 그 사람 입이 아니라 손을 보아야 한다는 것을 보여주는 좋은 예이다. 회고록 가운데 가장 인상적인 「어떤 고난과 아픔도, 병도 죽음도 감사히 맞겠다」라는 부제의 마지막 장에서 박승은 이렇게 자문한다.

나는 우주의 질서에 합당하게 살아왔는가? 이 넓은 우주 속에서 나와 내 가족이라는 작은 존재의 이익을 위해 산다는 것, 그리고 영겁의 시간 속에서 순간의 이익을 좇아 산다는 것이 무슨 의미가 있는가? 억만금의 큰 재산도 이 큰 우주의 질서에 부합하게 벌고 쓰지 않으면 무의미한 것이며 이것은 권력이나 명예도 마찬가지다.

그리고 이렇게 후회한다. 남을 위해 산 시간이 너무 짧았다고.

윤정숙 | 녹색연합 상임대표

나를 살린
여성·시민 운동 35년

때로는 싸움닭으로,
때로는 수도자로

지난해 자신의 인생에서 잊을 수 없는 네 사람이 세상을 떴다. 고령으로 타계한 스승 이효재를 빼면 박원순, 김종철, 한 후배 활동가의 죽음은 황망하기 그지없는 죽음이었다. 마음의 준비 없이 맞은 지인들의 죽음을 계기로 생각이 많았던 모양이다. 그래서일까, 할 말이 넘쳐나는 사람이었다. 짧은 질문에 대한 긴 답이 이어졌고 한 가지를 물으면 두 가지, 세 가지를 답했다.

이 사람 말은 진보의 대의에 대한 절절한 고백인 동시에 진보의 위선에 대한 통렬한 고발이었고 현대사에 대한 날카로운 증언도 있었다. 간간이 되돌릴 수 없는 시간에 대한 회한처럼 들리는 대목도 있었다. 누구에 못지않게 말을 많이 하며 살아온 사람일 텐데 정작 자신에 대해서는 말할 기회가 없었는지도 모른다. 답변이 너무 길다 싶은 대목도 있었는데, 인터뷰 녹취를 읽어보니 버릴 이야기는 없었다.

여성민우회 창립 멤버로 사무처장과 공동대표를 역임했고, 아름다운재단 상임이사를 지냈고, 지금은 녹색연합 상임대표다. 35년째 시민운동 현장을 지켜온 윤정숙을 만났다.

─── 연극 연출가 꿈꾸던 도화동 부잣집 둘째딸

아버지는 20대 때 인천 시의원을 지낸 지역 유지였다. 5.16 쿠데타 이후 정치 규제에 묶여 정치에 대한 꿈을 접긴 했지만 연말이면 연하장이 가마니로 올 만큼 지역에서 이름 석 자로 통하는 사람이었다. 동네에서 유일하게 피아노가 있는 집, 처음으로 텔레비전을 산 집이었고, 서울 동부이촌동에 자녀들을 위해 아파트를 구입했다고 하니 상당한 재력가였다. 딸을 사랑하는 좋은 아버지였지만 어머니에게 좋은 남편은 아니었다고 했다. 이 사람은 아버지 때문에, 그리고 시어머니 때문에 속상한 어머니의 하소연을 잘 들어줬던 모양이다. 나중에 어머니가 '너는 남의 말을 잘 들어주면서도 그 말을 옮기지 않더라'고 했단다. 이 사람은 아버지의 비밀을 가장 많이 알고 있는 사람이기도 했다. 아버지가 보던 신문·잡지도 열심히 보고 고등학교 때 『창작과 비평』을 접하기도 했고 연극에 관심이 많아 연극 연출가를 꿈꾸기도 했지만, 적어도 고등학교 때까지 인천 도화동 부잣집 둘째딸의 장래 모습은 현모양처였다.

1976년 이화여대에 들어간 이후 리영희의 『전환시대의 논리』를 읽고 전태일 이야기를 들었다. 그 충격으로 며칠을 울었고 미팅과 축제가 시시해졌다. 자기 발로 봉천동 산동네 야학을 찾아가 자기 또래 학생들에게 수학을 가르쳤고, 상계동 빈민촌에서 탁아 지원 사업을 하며 가난한 사람들의 삶을 경험했다. 방학 때는 공장에 들어가 노동자의 삶을 몸으로 겪었다. 위장 취업은 아니었다.

"대학교 이학년 때 아버지를 설득했어요. '제가 너무 편하게 자랐잖아요. 너무 걱정하지 마시고 아버지 아는 사람 있을 테니 공장에서 한 달만 일하게 도와주세요.' 아버지가 그걸 기특하다고 생각하셨는지 천안에 있는 남영나일론을 소개해줬어요. 거기 기숙사에서 한 달을 지내며 열두 시간씩 일했어요. 제게는 더할 수 없는 학습의 장이었고 껍질을 벗는 계기가 되었죠."

학교에서 배우는 것보다 운동권 교회로 유명했던 향린교회 대학생 모임에서 배우는 것이 훨씬 많았다. 그 모임에는 훗날 노동자 시인으로 이름이 알려지는 박노해, 현 국무총리 김부겸, 법정에서 사형을 구형 받고 '영광입니다'라고 외쳤던 고 김병곤 등이 있었다. 혁명, 해방, 민중, 역사 같은 말들이 넘나드는 그 모임이 때로는 너무 무섭기도 하고 버겁기도 했지만 이 사람에게 세상을 보는 새 눈을 갖게 해주었다.

1979년 교내 시위와 관련해 제적되었다 복학했지만 80년 5.17 비상계엄 확대조치 직후 다시 제적되었다. 이미 대학 졸업장 따위는 관심사가 아니었다. 운동권 학생과 부모와의 갈등은 예정된 수순이었다. 아버지의 목소리가 높아졌고 딸의 목소리도 높아졌다. 예전에는 잘 보이지 않던 집안의 가부장적이고 보수적인 분위기도 답답하게 느껴졌다. 그런 갈등과 답답함을 피하기 위한 돌파구가 필요했다. 스물세 살 어린 나이에 결혼을 한 이유다.

———— 운동권 남성들의 가부장적 권위의식에 질리다

남편과는 향린교회 모임에서 만났다. 가난한 농부의 아들이라며 당당하게 자기소개를 하는 사람이 어느 순간 남자로 다가왔던 모양이다. 세미나에서 정리를 하는 능력이 탁월하고 나이도 여섯 살 많았으니 이목희라는 이름의 서울대 출신 청년은 듬직하고 의지할 만한 선배였다. 자신을 부모와의 갈등에서 구해줄 수 있는 동아줄로 보였다.

"그때는 제가 마음에 맞는 사람과 결혼하면 조금 더 편하게 서로 격려하면서 운동을 할 수 있지 않을까 하는 야무진 꿈을 꾼 거죠. 정말 야무진 꿈이었어요. 적어도 매일같이 부모님 힘들어 하시는 것 안 봐도 되겠다 싶었고요."

양가 부모는 물론이고 주변 사람 가운데 누구 한 명 찬성하는 사람이 없는 결혼이었다. 모두가 반대하는 결혼을 강행할 만큼 사랑에 눈멀었던 시절이었을 텐데 자신의 사랑에 대해서는 한마디도 하지 않았다. 후회한다고 했고 너무 힘들었다고 했고 여우 피하려다 호랑이 만난 꼴이라고 했다. 사랑하는 동지이자 선배와의 결합이라고 생각했는데 실상은 7남2녀 빈농 집안의 며느리가 되는 일이었고, 가부장적인 의식이 몸에 밴 경상도 청년의 아내가 되는 일이었고, 가난한 해고 노동자 가족이 되는 일이었다. 결혼은 고행의 시작이었다.

"결혼하고 정말 어려웠어요. 결혼할 때 남편은 해고 노동자였고 제게 옷 한 벌 해주지 못할 정도로 가난했어요. 살면서 이렇게 힘든 것은 처음이었어요. 긴 시간 동안 상상도 못한 가난을 경험했어요."

가난해서 오직 불행했다. 가난을 덮어줄 신혼부부의 사랑 같은 이야기는 일언반구 없었다. 결혼하고 덜컥 임신을 했고 출산을 앞두고 남편은 구속되었다. 남편 없이 혼자 아이를 낳았다.

"그 때는 그게 슬픈 건지 어떤 건지도 몰랐어요. 아이 낳을 때 남편이 옆에 있어야 한다는 생각은 꿈에도 못했어요. 남편이 감옥에 있는데 어쩔 거야, 남편 없이 애 낳을 수도 있지 하는 그런 처연함이 있었죠. 울고불고 한 것은 엄마였고 측은해한 것은 남들이었죠."

가난만이 불행의 원인은 아니었다. 결혼에서 임신, 출산, 육아로 이어지는 과정은 이 사람에게는 운동권 경력의 단절이기도 했다. 남편은 세상의 변혁을 꿈꾸는 운동가였지만, 이 사람은 그저 운동가의 '아내'일 뿐이었다. 남편은 거의 매일 밤 동지들과 천하대세를 논했지만 이 사람에게는 함께할 동지도 조직도 없었다.

"친구들은 다 자기 커리어를 쌓기 시작하잖아요. 유학을 가거나 사회생활을 시작하는데 저는 아무것도 없는 거예요. 무력감, 고립감 때문에 아무도 만나고 싶지 않았고 저를 드러내고 싶지도 않았어요. 나는 자폐증인가 보다, 자폐증처럼 그냥 나 홀로 내 안에 있는 것이 편했어요. 내 꿈, 내가 실천하고 싶었던 가치 있는 삶은 전혀 길이 안 보였어요. 저의 이십대는 첩첩산중, 오리무중이었어요."

밤늦도록 들어오지 않는 남편을 기다리면서 혼자 술을 마셨다. 이대로 삶을 끝내고 싶다는 충동을 수시로 느꼈다. 주변에 같은 처지의 여성들이라도 있었더라면 좀 나았을 텐데, 이 사람은 인천에 고립된 처지였다. 그런 아내를 남편은 이해하지 못했다.

"나락에 떨어져 있는 그 어린 아내. 그 어린 아내의 사정을 알지 못하는 남편, 알고 싶어하지 않는 남편, 알아도 그게 얼마나 힘든지 모르는 남편. 그래서 남편에게도 이야기 안 하고 몇 년을 그렇게 보낸 거 같아요."

아내만 힘들었던 것은 아니었다. 남편은 항상 감시와 체포, 구속을 의식하며 살아야 했다. 민주주의·노동해방·혁명을 위해 조직 운동을 하는 사람이었으니 일신의 안위나 가정의 평화를 돌볼 여유 따위는 없었고 그런 것을 말하는 것조차 사치였다. 남편은 지금까지도 그 시절 고문당하고 수난 받은 이야기를 아내에게 한 적이 없다. 남편이 동지들과 집에 오는 날이면 없는 살림에 밥을 해내고 찌개 안주를 장만하고 새우깡을 사오는 게 이 사람의 일이었다. 이 사람 역할은 거기까지였다. 그들의 논의에 이 사람이 낄 자리는 없었다.

경북 상주에 있는 시댁은 유교적 가풍이 엄격한 집안이었고, 남편은 그 영향을 받아 가부장적 기질이 강한 사람이었다. 연애할 때는 그게 매력이었을 텐데 결혼하니 달리 보였다. 남성들이 갖는 여성 차별적 태도, 가부장적 권위의식은 이념과는 무관한 것이라는 사실을 절실하게 깨달았다. 진보의 보수성, 운동하는 남자들이 보인 가부장적 행태에 대해 거의 치를 떨었다.

"결혼한 후배 중에는 구타하는 남편도 있고 가사노동은 전혀 안 하고… 이런 사람들이 밖에 나가서는 노동운동이니 민주주의니 하는데 저는 전혀 존경스럽지 않았어요. 심지어 제가 아는 사람 중에는 자기들 이야기할 때는 아내에게 밖에 나가 있으라고 해서 애 들쳐 업고 모임이 끝날 때까지 문밖에 서 있기도 했대요. 왜냐하면 자기들은 너무 거룩한 일을 하는 거예요…. 그런데 말을 제대로 못한 것은 이 사람들은 잡히면 고문당하고 감옥 가는 사람들이니까 여자들은 견뎌야 된다고 생각하고 따지지 못한 거 같아요."

남편과 그의 동지들은 좋은 세상을 만들기 위해 모든 것을 희생하는 사람들이었다. 그들이 희생하는 것에는 아내와 아이, 가정도 있었다. 올해 남편이 노동운동 사건 재심을 통해 무죄를 선고받았다.

재심 과정에서 변호사는 재판에 도움이 된다며 이 사람에게 그 당시 사정을 서면으로 작성해달라고 했다. 그러나 그 시절을 되돌아보는 것이 그렇게 싫었다. 아무리 시간이 흘러도 되돌아보기도 싫은 시절이었다. 이 사람만이 아니라 아들에게도 고통스런 시간이었다.

"제 아들이 비슷한 또래 민주화운동 인사들 자녀들을 만났대요. 그런데 그 친구들에게서 공통된 표정과 느낌을 받았다는 거예요. '왜 아빠들이 열심히 싸운 것만 민주화운동이야? 엄마들도 있고 아이들도 있는데.' 어른들은 대의명분이니 뭐니 그런 게 있지만 아이들 경험과 시선은 따로 있구나. 어린 가슴이 가진 멍이 있고 외로움과 슬픔이 있다는 것을 느꼈어요."

전두환 군부독재만이 이 사람을 힘들게 한 것이 아니었다. 같은 세계관을 가진 동지와의 결합이라고 생각했던 가정 내의 가부장적 질서, 억압과 불평등, 남편과의 갈등이 이 사람을 더 힘들게 만들었던 듯싶은데 자신이 겪은 일을 자세히 말한 것은 아니었다. 며느리로서 겪은 일은 말했지만 남편에 대해서는 보수적인 인물이라는 표현 정도에 그쳤다. 역시 가족의 일이란 다 털어놓기는 힘든 일인가 싶었는데 어쨌든 반독재·민주주의·인권·혁명 같은 거창한 단어의 그늘에서 이 사람이 시들어간 것은 틀림없다.

개마고원의
스테디셀러들

도서출판 **개마고원**은
의미 있는 소수의견에 주목하는 출판,
사회 이슈를 최대한 대중의 언어로 전달하는 출판,
'지금 여기'에 뿌리를 둔 현장 사회과학 출판을 지향한다.

ISDS, 넌 누구냐

노주희·이종태 지음 | 296쪽

어떤 개인이나 기업이 외국에 투자했는데 그 나라의 부당한 정책으로 손해를 봤을 때 배상을 요청할 수 있는 제도 ISDS. 그런데 현실에서 정작 ISDS는 글로벌 투기세력의 이익 창출 수단으로 기능하고, 한 국가의 주권을 침해하기까지 한다. 최근 론스타의 엘리엇이 한국 정부를 대상으로 제기한 수조 원대의 ISDS는 이 분쟁을 여실히 보여준다. ISDS의 정체는 도대체 무엇인가? 정말 필요한가? 다른 대안은 없는가? 이 책은 ISDS를 철저히 해부하며 그 답을 찾는다.

기본소득은 틀렸다

김종철 지음 | 168쪽

우리에게 닥친 많은 문제를 해결할 만능열쇠로 기대받고 있는 기본소득. 하지만 이 책은 기본소득이 양극화를 해소하고 어려운 처지에 빠진 이들의 삶을 돕는 데 전혀 도움이 되지 않으며, 선동적 정치가들에게만 이득이 될 것이라고 주장한다. 왜 그런지, 그리고 진정한 나눔·연대·정의를 위한 방향으로 제시되는 '기본자산제'는 무엇인지, 그것의 구체적 실천 방안은 어떠한지를 다룬 도전적 시론.

개헌전쟁

김욱 지음 | 352쪽

어떤 정치인도 명시적으로는 이른바 '87년 체제'를 낳은 현 헌법의 개정을 반대한다고 하지 않지만, 모든 정치인들의 개헌에 대한 입장은 집권 가능성에 따라 확연히 구분된다. 복잡한 이해관계의 교차 속에 어지러운 "개헌 전쟁의 현상 너머 본질"을 볼 수 있게 하려는 것이 이 책의 집필의도이다. "헌법 얘기가 곧 우리들 삶의 얘기고, '개헌 전쟁'이 곧 우리의 민주적 삶을 위한 전쟁"이기 때문이다.

주적은 불평등이다

이정전 지음 | 280쪽

이 책은 불평등을 우리나라의 '주적'으로 지목하며, 불평등이 우리 사회의 여러 사회악을 일으키고 악화시키는 온상이라는 것을 보여준다. 우리가 맞닥뜨린 위기의 주범인 불평등을 해결하지 않는다면 이 사회가 머잖아 존망의 기로에 서리라는 경고다. 저자는 불평등 해결의 길은 정치에 있으며, 이에 정치권이 앞장서도록 국민들이 강제해야 한다고 주문한다.

마강래 교수의 지방문제 3부작

베이비부머가 떠나야 모두가 산다
—청년과 지방을 살리는 '귀향 프로젝트'
•252쪽

고령화·저출산·지방소멸·세대갈등… 우리 앞에 닥친 숱한 문제를 베이비부머의 귀향으로 풀자. 이 책은 은퇴 뒤 대도시에 남아 있기 십상인 베이비부머를 베이비붐(기초) 이ㄱㄱ 흡수해야 한다고 역설한다. 베이비부머의 귀향이야말로 대도시의 인구 과밀을 완화함으로써 '지방살리기'에 기여할 뿐만 아니라, 일자리의 공간 분리를 이룸으로써 청년의 미래를 여는 데도 필수적인 정책이라는 것!

지방분권이 지방을 망친다
—지방분권의 함정, 균형발전의 역설
•248쪽

선후가 뒤바뀐 지방분권에 대한 경고. 시대적 대세로 굳어지고 있는 지방분권이 오히려 지방을 해칠 수 있는 위험한 정책이라면? 지방을 살리고, 균형발전을 이룰 진짜 방법은 무엇이어야 하는가. 균형발전은커녕 지역 간 격차 심화로 파산하는 지자체가 나오기 전에, "권한을 받을 공간단위를 먼저 조정한 후 분권이 진행되어야 한다"는 주장이다.

지방도시 살생부
—'압축도시'만이 살길이다
•248쪽

지방도시 문제에 대한 새로운 접근 방식을 제시한 화제작. 인구 유출과 일자리 축소로 점점 쇠락해가는 지방 중소도시를 모두 살리려다가는 우리 모두 공멸의 늪에 빠질 것이다! 답은 전국토 단위로나, 각 중소도시 단위에서나 '분산과 팽창'이 아니라 '집중과 압축'에 있다. 저자는 흩어져 있는 인구를 모으고 공공시설과 서비스를 집중하는 '압축도시'를 새로운 지방도시 재생모델로 제시한다.

• **지위경쟁사회** — 왜 우리는 최선을 다해 불행해지는가? | 304쪽

가려 뽑은 외서들

환경을 해치는 25가지 미신

· 세종도서 교양부문(2020)

대니얼 B. 보트킨 지음 | 박경선 옮김 | 464쪽

전세계적인 관심사인 기후위기. 그러나 이 책의 저자는, 지금의 기후위기론이 기대고 있는 사실과 예측들에 의문을 제기한다. 특히 그 가운데 25가지를 적시하며 사실상 미신에 다름 아니라고 정면으로 비판한다. 모호한 가설과 예측 모델에 매달리게 만든 나머지, 정작 중요하고도 시급한 환경문제의 해결을 지체시키고 외면하게 한다는 문제의식에서.

리씽킹 이코노믹스

· 세종도서 학술부문(2019)

엥겔베르크 스톡하머 외 지음 | 한성안 옮김 | 288쪽

글로벌 금융위기 이후 2012년 발족된 리씽킹 이코노믹스가 추구하는 '다원주의 경제학' 입문서. 현재의 주류 경제학인 신고전주의경제학과 다른 방향에서 출발하는 9개 경제학 학파, 즉 포스트케인스경제학, 마르크스경제학, 오스트리아경제학, 제도경제학, 페미니즘경제학, 행동경제학, 복잡계경제학, 협동조합경제학, 생태경제학을 소개한다. 해당 분야의 저명한 학자와 전문가들이 집필과 감수를 맡았다.

나치시대의 일상사

데틀레프 포이케르트 지음 | 김학이 옮김 | 440쪽

나치 체제를 '아래로부터' 경험했던 '작은 사람들'이 꾸려갔던 일상의 촘촘한 그물을 통해 나치라는 야만적 체제가 왜, 어떻게 가능했는지를 분석했다. 저자는 "아우슈비츠행 열차를 마지막 순간까지 정확하게 출발하도록 만들었던, 체제에 대한 독일인들의 적극적 동의 혹은 수동적 참여가 인민의 어떤 욕구나 행위에 뿌리박고 있었는가"를 파헤치면서 그 원인을 "정상성에 대한 '작은 사람들'의 희구"에서 찾는다.

전쟁유전자

말콤 포츠·토머스 헤이든 지음 | 박경선 옮김 | 544쪽

이 책은 전쟁의 원인을 인간 남성에게 있는 생물학적 본성의 측면에서 설명한다. 우리 조상들은 전쟁에서의 승리를 통해 이득을 얻었기에 오늘날의 우리에게도 전쟁에 대한 본능이 남아 있다. 저자들이 제시하는 안전과 평화를 위한 방법은 간단하다. 가족계획을 통해 인구 증가를 억제하고, 정치사회적 권력을 여성들에게 더 많이 부여하는 것이다. 한마디로 '피임약은 칼보다 강하다'는 것이다.

막다른 길

H. 스튜어트 휴즈 지음 | 김병익 옮김 | 368쪽

프랑스의 지성이 겪은 1930년대부터 1960년대까지의 한 세대를 아우르는 '피임이지 때는 무엇에나 이런 의미가 있을까. 저자는 당시 프랑스 지성사회의 분위기를 '막다른 상황'으로 판단하고, 이 막다른 길로 치닫는 정신사적 궤적을 추적하는 데 몰입한다. 수많은 한계들 앞에 선 지성들의 판단은 무엇이었을까.

─── 살아 있음을 비로소 느끼게 해준 여성운동

생계를 위해 출판사를 다니다가 1986년 우연히 KBS시청
료 거부운동 시민연합의 간사로 일하게 되었다. 나도 할 일이 있다
는 생각에 신이 나서 일했고, 그게 인연이 돼서 1987년 여성민우회
가 만들어질 때 창립회원으로 참여했다. 이효재, 한명숙, 이경숙, 김
상희 등 훗날 한국 여성운동을 대표하는 인물들이 포진했던 이 모
임의 실무 간사였다. 창립 당시 이 사람이 받은 활동비는 한 달 5만
원이었다. 내가 원하는 일, 의미 있는 일을 찾았다는 생각에 몸이 힘
들어도 힘든 줄 몰랐다. 물 속에만 있다가 수면 위로 올라와 온몸으
로 호흡하는 느낌이었다고 했다.

"제가 그 때 시청역에서 덕수궁 주변을 주로 다녔는데요, 우울할 때
는 가로수가 그냥 초록색 한가지로 보여요. 그런데 내 일을 하고,
내가 기획한 일을 해나가는 시절에는 초록색이 열 가지, 백 가지라
는 것을 그때 느꼈어요. 그때 누구한테인지 모르지만 '감사합니다,
살았습니다'라는 표현을 했어요."

여성운동이라는 자신의 영토 안에 꽃도 심고 야채도 심기 시작하
면서 자신이 살아나는 느낌을 만끽했다. 집에 돌아가면 아이는 엄
마를 붙잡고 "엄마 민우회 가지 마, 민우회 끊어"라는 말을 했고, 그
말을 들을 때면 가슴이 아팠지만 과거로 돌아갈 생각은 추호도 없

었다. 아내 역할, 엄마 역할, 활동가 역할 모든 것을 잘해낼 수 없는 일이었다. 아이가 대학에 들어갔을 때 아들과 맥주를 마시면서 이야기했다. "엄마가 돈이 없고 시간이 없어서 너한테 관심 못 가져줘 미안해." 아들이 답했다. "괜찮아. 다 지난 일인데…."

별 성가 확신으로 가누가 있었고 매일매일 자신이 살아 있음을 느꼈다. 밥보다 라면을 더 자주 먹어도 행복했다. 지방 강연을 마치면 차가 끊길 때도 있었다. 그럴 때는 새벽 첫차로 서울에 돌아와 인천 집에 가서 아침밥을 해놓고 다시 사무실로 출근한 일도 있었다. 그 시절 이 사람 다이어리에는 1년 12달 365일 일정이 빼곡하게 적혀 있다.

누가 시켜서는 할 수 없는 일이었다. 노조, 시민단체, 총학생회 소속 여성들을 상대로 한 교육과 홍보, 상담이 주로 한 업무였다. 초기 여성민우회는 지금 돌아봐도 환상적인 조직이었다. 이 '여성해방구'에는 웃음이 끊이지 않았고 자매애가 넘쳐흘렀고 일의 성과가 매일 눈으로 확인되었다. 이슈를 만들고 돈을 만들고 캠페인을 조직하며 내 인생의 주인공은 나라는 것을 깨달았고, 자신이 여리고 약한 존재가 아니라 힘이 있는 존재라는 것을 알게 되었다.

"너무 즐거웠어요. 아무도 불평하지 않고 행복했어요. 양말도 팔고 된장도 팔고 밤 새워서 딸기잼 만들어 팔아서 돈을 벌었어요. 우리는 못 만드는 게 없었어요. 남성들은 이런 거 절대 몰라요. 무서울 게 없었어요. 뭐가 무서워? 이 신나는 일을 하는데… 모두가 깨어

나는 과정이었어요."

어느 날 행사를 마치고 늦게 귀가한 이 사람에게 남편이 "그깟 여성운동한다고…"라고 한마디 했다. 그 말에 이 사람이 폭발했다. 7시간에 걸친 이 사람과의 대화 중에서 가장 통쾌한 대목이다.

"저는 그때 처음으로 발바닥부터 온 힘을 동원해서 저항하기 시작했어요. 그 때 조그마한 아파트에 살고 있을 때인데 책꽂이에서 책을 하나씩 꺼내 찢기 시작했어요. 찢으면서 한마디씩 한 거죠. '그래 너희들은 그 대단한 운동을 하느라고…' 남편이 너무 충격을 받았을 거예요. 그 뒤에 그 방에서 그대로 기절했어요. 그러면서 저는 마음속으로 굉장히 기쁘지 않았을까요. 나는 이제 저항할 수 있다. 내가 왜 이렇게 바쁜지, 이 일이 나에게 왜 꼭 필요한지, 이 운동이 얼마나 여성들에게 중요한지 그렇게 말한 거 같아요. 그 이후에는 남편이 이야기 안 하더라고요. 집안일도 많이 하고… 청소, 빨래, 특히 다림질은 남편 일이 된 지 이십년쯤 됐어요."

스물아홉 살 윤정숙은 이 모임에서 간사로 시작해 사무처장, 공동대표 등으로 17년을 일했다. 맨 밑바닥에서 시작해 이 모임의 정상까지 오르면서 여성운동은 물론 한국 진보운동의 이면을 그 누구보다 많이 알게 됐다. 귀로 듣는 게 많아도 입으로 옮기는 것은 적은 사람이다. 슬쩍슬쩍 다른 사람 험담도 듣기 싫지 않게 할 만도 했는데, 10대 시절 어머니의 하소연을 잘 들어주면서도 남에게 말을 옮기지 않던 그 미덕은 나이가 들어도 변하지 않았다.

─── 아름답지 않았던 아름다운재단과의 이별

2005년 여성민우회 대표를 그만둔 이 사람에게 박원순이 손을 내밀었다. 아름다운재단을 같이 하자는 제안이었다. 박원순과는 얼굴을 알고 지내는 사이였지만 친분이 있는 관계는 아니었다. 경험도, 능력도 없다며 거절하는 이 사람을 박원순은 몇 달에 걸쳐 집요하게 설득했다. 박원순의 설득도 있었지만 새로운 공간과 만남을 찾는 이 사람의 생각이 없었다면 성사될 리 없는 일이었다. 1995년부터 2년 동안 영국 유학을 통해 본 넓은 세상에 대한 경험, 십수 년 동안 같은 일을 같은 방식으로 하고 있는 것 같은 답답함, 여성들의 정치세력화를 두고 빚어진 갈등, 여성단체 대표 다음 행보는 정치권 진입으로 여기는 분위기에 대한 반발 등이 이 사람을 다소 결이 다른 단체로 향하게 만든 배경이었다.

여성운동과 아름다운재단 일은 전혀 다른 일 아닌가요?
"다르기도 하지만 비슷한 면도 있지요. 페미니즘 가치 중에 보살핌, 돌봄이라는 게 있잖아요. 저는 여성운동을 과거 같은 방식으로는 더 잘할 수 없나고 생각했어요. 유학 갔다 외서도 여성운동을 한참 더 한 상태였고요. 그리고 대표가 되면 그 다음 길이 별로 없어요.

어디 마음대로 갈 수도 없고, 정치인을 하든지 새롭게 공부해서 박사가 되든지 이런 일인데…(그렇게 하고 싶지는 않았어요).”

2006년 1월부터 아름다운재단 상임이사로 일했다. 우리 사회에서 가장 잘사는 사람부터 가장 못사는 사람들까지 두루 만나며 선의로 세상을 바꿀 수 있다는 생각으로 일하던 시절이었다. 물론 쉬운 일은 아니었다. 무엇보다 박원순 그늘을 벗어나기가 쉽지 않았다. 사람들을 만나면 박원순 동정부터 먼저 물었고 박원순과의 관계를 궁금해 했다. 마치 이미지 뒤에 노래 부르는 가수 같은 느낌이었다. 재단으로 온 지 7개월 만에 병이 나서 일주일을 쉬었다. 아는 스님을 만나 자신의 고민을 털어놨다.

“그 분과 차를 마시면서 이야기했어요. ‘나 너무 힘들다, 여기에 잘못 온 거 같고 제대로 해낼 수 있을지 자신이 없다. 난 성격도 소심하고 누구한테 기부하라는 말도 잘 못한다’ 그랬더니 그 스님이 그래요. ‘이사님. 그게 보살님의 강점이에요. 그런 자세가 보살님의 개성이고 특색이에요.’ 그 말 듣고 ‘좋아. 내 스타일대로, 내가 느끼는 대로, 나의 언어와 이유를 가지고 해 봐야지’ 싶었어요. 그렇게 마음먹으니 훨씬 가벼워지고 편안해지고 비교해도 상처받지 않고 내 스스로 비교하지 않는 상태가 되더라구요.”

아름다운재단 상임이사라고 하면 누구나 알아줬고 누구나 인정해줬다. 만나자고 하면 거절하는 사람이 없었다. 이런 것이 힘이구나 싶었다. 더 큰 단체에서 함께 일하자는 제안은 물론이고 정치권 영입 제안도 있었다. 무엇보다 좋았던 것은 선한 의지를 가지고 세상을 좋게 만들려고 애쓰는 사람들을 만난 것이다. 재벌 회장도 있었고, 위안부 피해자 할머니도 있었고, 자신의 전 출연료를 기부하는 연예인도 있었고, 돈 대신 자신의 재능을 기부하던 사람들도 한두 명이 아니었다. 사람을 만나는 게 일이었고 사람을 알아보는 눈을 가지게 된 것이 성과였다.

"이 사람은 진정으로 하는구나, 자기 마케팅 하는구나 구분이 되죠. 진정으로 하는 사람은 기획사랑 사진 찍을 사람을 데리고 오지 않아요. 기부하는 이유를 자기 언어로 분명하게 말한다는 공통점이 있더라고요. 이효리, 이적, 김제동, 유지태 씨 등이 기억이 나요. 유재석 씨는 고액 기부자인데 만날 필요 없다며 죽어도 얼굴을 안 보여줬어요."

2011년 박원순의 서울시장 출마는 예상 못한 일이었다. 사전 상의 같은 건 없었다. 박원순은 출마선언 직전 전화 한 통화로 통보했을 뿐이다. 그 이후 벌어지는 일은 온전히 이 사람과 재단이 감내해야 할 몫이었다. 출마선언 다음날부터 재단을 향해 온갖 공격이 쏟아졌다. 비난과 항의 전화가 빗발쳤고 재단은 쑥대밭이 되었다. 기부자들이 우수수 떨어져 나갔다.

무엇보다 고통스러웠던 것은 이런 상황에서 아무도 이 사람을 방어해주지 않았다는 점이다. 재단의 입장을 밝히는 성명서에는 재단 이사들조차 이름 올리기를 거부했다. 한 달에 한 번 아름다운재단에 오는 것이 영혼을 세탁하는 것 같다, 자신이 갖고 있는 직함 중에서 가장 자랑스러운 게 이 재단 이사 타이틀이라고 말하던 기업들, 박원순과 함께 사진 찍는 것을 기꺼워하던 사람들의 놀라운 변신이었다. 박원순이나 그의 캠프에서도 단 한 통의 전화도 없었다. 고립무원이던 그때 손석희가 자신이 진행하던 〈시선집중〉 인터뷰를 제안했다. 이 사람이 기억하는 유일한 지원사격이었다.

"질문 다섯 개를 보내더라고요. 거의 밤을 새서 답변을 준비했어요. 예정된 인터뷰 시간 오분이 넘었는데 제지하지 않더라고요. 제가 빼먹은 것이 있었는데 그것을 질문해서 제가 답을 할 기회를 주었어요. 너무 고마웠어요."

임기가 2년 남았지만 그 이듬해 3월 아름다운재단을 그만두었다. 위기 상황에서 제대로 대처하지 못했다는 자책도 컸지만 가까이 있던 사람들, 믿었던 사람들의 민낯을 보고 나니 더 이상 일할 기력도 의욕도 없었다. 그 뒤로는 재단 홈페이지를 방문하거나 관련 기사를 찾아본 적이 없다고 했다. 그 일로 인한 내상이 깊고도 깊었던 모양이다. 아름다운재단과의 이별은 아름답지 않았다.

―――― **페미니스트 그리고 꼰대**

　　지난해 박원순 장례위원 명단에 이름을 올렸다. 그로 인해 후배와 동료들에게 적지 않은 공격을 받았다. 박원순의 죽음을 두고 숙퍼 중에서 죽음말한 것이 있느냐는 사람이 있는가 하면, 어떤 죽음은 그 자체로 가해라는 시각도 있다. 어떤 입장인지 물었다. 추도는 추도대로 하고 진상은 진상대로 밝혀야 하는 것이고 진상은 이제 드러난 것 아니냐고 말했지만, 이 사람에게도 '박원순'은 정리가 명쾌하게 되지 않는 숙제처럼 보였다.

　　자연스럽게 화제가 페미니즘으로 이어졌다. 혹시 후배들이 '꼰대'라고 하지 않느냐고 했더니 그렇게 표현은 안 하지만 그렇게 느낄지도 모르겠다고 했다. 여성운동의 역사이자 증인인 이 사람에게 이런 질문을 던졌다.

1세대 여성운동 리더들이 정치권으로 가지 않고 여성운동 현장을 지키고 있었더라면 페미니즘 운동 양상도 달라지지 않았을까요?

"그렇지 않았을 거 같고 그럴 필요도 없을 거 같아요. 운동은 시대의 산물이고 사회 환경에 따라 사회적 감수성도 바뀌고 그러면서 이슈의 우선순위도 달라지는 것은 당연하다고 봐요. 우리 세대의 가치관과 방법으로 계속 페미니즘을 할 수도 없고 해서도 안 된다고 봐요. 지금 젊은 세대는 페미니즘ㅣ 지기 싫이 등째 감은 역학을 하는 세대 같아요."

여성운동을 하던 선배들의 정계 진출에 대해서 비판적인 의견을 가졌던 사람이다. 여성운동을 정계 진출의 발판으로 여겨서는 안 된다는 생각은 지금도 여전하다. 그 때문에 오해와 갈등도 적지 않았다. 여성운동 선배들이 지금도 자신을 잘 부르지 않는다는 말을 농담처럼 했다. 같이 일한 선배 중에 후혹이 잘 맞는 사람이 누구였냐고 묻자 선배보다는 후배들이 일하기 편했다고 했다.

현 정부 들어 두 차례 입각 제의를 받았다. 두 번 모두 별 고민 없이 거절했다. 환경 분야를 맡아 달라는 말이 나왔을 때는 평생 환경운동을 한 사람들이 많고 나는 시작한 지 얼마 되지 않아 적임이 아니라고 거절했다. 여성 분야 제안을 받았을 때는 내가 여성운동 떠난 지 오래됐다며 고사했다.

"장관을 사, 오년 한다면 고군분투하며 뭔가라도 하겠다는 마음이 들 수도 있을 거 같아요. 그런데 일, 이년 만에 바뀌어서 이름도 기억 못하는 사람들이 너무 많잖아요. 그런 것이 제게는 의미 부여가 안 됐어요. 오히려 밖에서 일해도 내가 어떤 자세로 하는지에 따라서 장관이나 국회의원보다 못할 게 없다는 생각도 있구요."

여러 단체와 조직을 맡아 일했지만 그 조직 안에 녹아드는 쪽이었지 조직을 자신의 색깔로 바꾸는 리더는 아니었다. 모임에서 홀로 우뚝한 존재도 아니었다. 35년 동안 여성민우회, 아름다운재단, 녹색연합, 안철수재단 등 주요 단체에서 중요한 직책을 맡았던 데 비하면 존재감이 뚜렷하지 않다. 여성운동을 할 때는 이효재·한명숙 같은 카리스마 강한 선배들에게 가려졌고 아름다운재단 시절에는 박원순의 그늘이 짙었다.

경펴이니 | 할ㄷ 푹에 비하면 얼루 누출이 많거나 인지도는 높지 않은 거 같습니다.

"아름다운재단에 있을 때는 어쩔 수 없이 재단을 알려야 되니까 언론 접촉이 있었지만 사람들이 저를 잘 기억 못할 수 있어요…. 사실 기자회견 하거나 사진 찍을 일 있으면 가운데 앉으려고 하는 사람들이 있지요. 끊임없이 해바라기처럼 자리를 바라는 사람들도 있는 게 사실이지요. 저는 사람보다는 일이 보여야 한다고 생각하는 쪽이지만 저 역시 자기 드러냄의 욕심과 뒤에 서 있기의 겸손이 교차하던 사람입니다."

이 사람의 가치를 알아보고 함께 일하기를 원한 사람 가운데는 안철수도 있다. 청춘콘서트로 인기가 절정에 이르렀던 2012년 안철수는 자신이 재산을 기부해 만든 안철수재단 상임이사 자리를 윤정숙에게 제안했다. 상임이사 자리는 거절했지만 자신이 스승으로 생각하는 박영숙과 함께 안철수재단 이사로 참여했다. 이 때문에 안철수 측근이라는 말도 들었다. "재단 이사들이 자율적으로 운영하시라"는 안철수의 말을 믿고 참여했지만 실낭 끝에 1년 민에 그만있다.

"여기 역시 그냥 돈 낸 사람의 것이구나 하는 느낌이 들었어요. 이 사회에서 몇 달을 고민해 결정한 사안이 와서 한마디 하면 한 순간에 뒤집어지는 것을 보면서 이런 구조라면 내가 무슨 역할을 할 수 있겠나 싶은 생각이 들더라구요…. 회의할 때는 토론도 하고 논쟁도 하고 이래야 되는데 그게 아니었어요. 제가 경험했던 시민운동, 아름다운재단 경험과는 달랐어요."

─── 다양한 경력만큼 다양한 표정을 가진 사람

후쿠시마 원전 폭발사고를 보면서 환경에 관심을 갖기 시작했고, 2013년 녹색전환연구소에 참여한 것을 계기로 본격적으로 환경운동에 뛰어들었다. 지난해 타계한 『녹색평론』 대표 김종철과의 인연도 이 운동에 발을 들여놓는 데 한몫했다. 2017년 녹색연합 공동대표를 맡은 데 이어 올해부터는 상임대표로 일하고 있다. 여성운동, 나눔운동에 이어 환경단체 대표까지 맡자 직업이 대표냐는 말도 들었다. 실핏줄 같은 풀뿌리 시민운동이 느리긴 해도 결국에는 훨씬 힘이 세다고 믿는 이 사람에게 녹색운동은 꽤 잘 어울리긴 하지만, 전문성이 필요한 환경단체의 대표를 맡는 것이 조금 부담스러웠던 모양이다.

"좀 불안했죠. 내가 혼자 과도한 일을 하고 있나? 한 일년쯤은 사람들 만나고 활동가들한테 이야기 듣고 배우는 과정이었죠. 다 제 선배잖아요. 그 다음부터 겁이 좀 덜 났어요."

환경을 오감으로 느끼기 위해 부지런히 현장을 찾아다니고 있고
얼마 전에는 미래세대를 노년층이 지켜주자는 이른바 '그레이그린
(Grey Green) 운동'도 시작했다. 600명의 회원들이 있는 환경단체
출범을 주도하며 여전히 바쁘다. 그렇지만 이제는 물러날 시간과
자리를 찾고 있다고 했다. 지난해부터 각종 직함들을 내려놓고 있
다. 이제 새로운 자리는 더 이상 가지 않을 생각이다.

"최근에 탄소중립위원회가 만들어졌잖아요. 거기 위원으로 들어오
라고 하더라고요. 안 하겠다고 했더니 제안한 쪽에서 놀라요. '이거
왜 안 해요? 장관급이에요.' 그래서 '장관급이 아니라 총리급이라
고 해도 제가 가서 역할을 할 게 뭐 있을까요?' 그랬어요."

다양한 경력만큼 다양한 표정을 갖고 있는 사람이다. 처음 봤을
때는 수더분한 인상의 중년 여성이다 싶었다. 인터뷰 중간에 잠시
휴식을 가졌는데 그때 본 옆모습은 날카로운 이미지의 인텔리처럼
보였다. 카메라가 없는 상황에서는 독설을 마다하지 않는 싸움닭
같기도 했고, 종교 이야기를 할 때는 마음공부 제대로 한 수도자 같
기도 했다. 35년 시민단체 외길을 걸어온 사람의 내공을 가늠하기
가 쉽지 않았다.

한때 높은 자리에 올랐던 사람들은 높이 오른 만큼 깊게 추락도

하고 젊은 날의 헌신과 진정성을 의심받는 처지에 빠지기도 한다. 젊음이 사라진 얼굴에 날것의 욕망만 남은 듯한 인사들을 보면서 허탈함을 느끼는 경우가 종종 있다. 이 사람에게 그런 것은 느껴지지 않았다. 『한겨레』 이인우 기자가 이 사람을 두고 "선의와 열정이 균형을 이루는 데 성공한 사람에게서 풍기는 아름다움이 있는 사람"이라고 표현한 적이 있다. 십몇 년 전의 평가이지만 이인우의 평가는 여전히 유효하다.

'자리'는 내려놓더라도 할 일, 하고 싶은 일은 많다고 했다. 20대에 그랬던 것처럼 일이 없으면 숨을 쉬지 못하는 사람이니 살기 위해서라도 일을 할 사람이다. 동네 성당에서 피아노 반주하는 것, 동네에서 이주여성들에게 한글 가르치는 것이 꿈이라고 했다. 마음 아픈 아이들에게 시간을 쏟는 것도 하고 싶은 일이라고 했는데, 자기 아이 자랄 때 시간을 충분히 나누어주지 못한 것에 대한 미안한 마음을 이렇게 갚으려는 것인가 싶기도 했다.

이왕준 | 명지의료재단 이사장

바벨탑을 쌓는 '청년의사'에게 던지는 질문

의료운동가에서 병원사업가로
대찬 인생 변신

길 위에 작은 집을 짓겠다던 사람이다. 바람 거센 고단한 길 위에 작은 집 하나 짓겠다던 사람이다. 누구라도 와서 쉬어갈 수 있는 꿈의 공동체를 만들겠다던 사람이다. 나의 집이 아니라 우리의 집을 짓겠다고 맨손으로 달려들었던 사람이다. 세상 모든 근심 다 감당할 수는 없어도 병들어 서러운 마음만은 없게 하겠다고 지금도 다짐하는 사람이다.

그랬던 이 사람이 지금 바벨탑을 쌓고 있다. 하나의 왕국을 넘어 제국을 개척하겠다는 야망을 숨기지 않는다. 이 사람에게 주목하는 것은 이 사람의 성취가 남달리 크거나 이 사람의 왕국이 유난히 화려해서만은 아니다. 길 위의 작은 집, 꿈의 공동체를 말하던 사람이 자신의 왕국, 자신의 제국을 지향하게 된 연유를 알아보기 위함이다. 이 사람 생각 중 어떤 부분이 변했는지, 변했다면 왜 변했는지, 어떤 생각이 새로 생겨났는지, 어떤 부분이 더욱 굳어졌는지 명지의료재단 이왕준 이사장에게 들어보고 싶었다.

─── 코로나 전쟁터의 최일선 지휘관

코로나19와 관련된 이 사람 예측은 정확했다. WHO가 전

세계 유행을 선언할 것이라는 말은 날짜까지 맞췄고, 날이 더워진다고 코로나 기세가 수그러들지는 않을 것이라고 경고했다. 코로나와의 싸움은 장기전이 될 것이라며 코로나 상황을 '뉴노멀'로 받아들여야 한다고 주장했다.

"아직 클라이맥스는 오지도 않았어요. 5막 오페라 중에 이제 3막 정도라고 보면 됩니다. 올 겨울이 코로나 싸움의 절정이 될 것이고 그 이후에도 여진이 한참 길게 갑니다."

사람들이 이 사람 말에 주목한 것은 예측이 정확한 것도 있지만 이 사람이 코로나와의 싸움에 최일선에 서 있기 때문이다. 명지병원은 코로나 발생 직후 국내 병원으로는 처음으로 비상상황실을 설치했고, 지금까지 9개의 음압병실에서 110여 명의 중환자를 치료했다. 명지병원 코로나 입원 환자 수는 국립의료원에 이어 두번째다. 이 병원의 코로나 환자 치명률은 25%나 된다. 그만큼 중증 환자를 받았다는 뜻이다. 그러니까 이 병원은 지금 피가 튀고 살이 찢어지고 전사자가 속출하는 실제 전투를 치르고 있는 최전선이다.

명지병원은 병원 건물 한 동 전체를 코로나 전담 치료시설로 사용하고 있다. 코로나 거북선으로 불리는 병동은 건물 전체가 외부인의 출입이 엄격하게 통제된다. 환자들이 있는 2층과 4층은 외부와의 접촉이 완전 금지된 봉쇄수도원 같은 인상이었다. 폐쇄회로 화면으로 살펴본 방호복을 입은 의료진들은 영락 없이 중무장한 병사들의 모습 그 자체였다. 이왕준은 이 코로나 전쟁의 최일선 지휘관이었다.

거칠다고 해야 할까, 아니면 거침이 없다고 해야 할까. 김밥을 먹으면서 학생운동 시절 이야기를 해나가던 중에 전화를 받았다. 제천 모 지병원에서 확진자가 나왔다는 보고 전화였다. 보고를 듣는 이 사람 자세는 절대권한을 갖고 있는 의료법인 이사장의 모습 그대로였다. 전화 상대방은 병원장으로 보였는데 반말과 존대말을 반반쯤 섞어가며 대응책을 지시했다. 당신은 코로나19에 대해 잘 모르니 지금부터 지휘라인에서 빠지고 그 일을 잘 아는 사람에게 결정권을 넘기라는 이 사람 어투는 단호했다. 병원장과 통화를 마친 뒤 두 대의 핸드폰을 이용해 다른 관계자들에게 문자를 보내고 통화를 하며 구체적인 대책을 지시했다. 이 사람 머릿속에는 병원과 관련된 모든 자료가 입력되어 있었다. 이런 상황에서 누구를 불러야 할지, 그 사람을 어디로 보내서 무슨 일을 시켜야 할지 분명하게 알고 있었다. 전화로 불러낸 병원 관계자에게 지금 곧바로 제천으로 갈 것을 지시하면서 당국의 조치는 이러이러하게 진행될 터이니 거기에 맞춰서 이러이러하게 대응하라고 지침을 줬다.

여기서 자칫 잘못 대응해서 병원이 몇 주 문을 닫으면 병원 직원 한 달 월급이 날아갈 수 있는 위험한 상황이라고 했다. 그런 비상상황이었는데 누구와도 상의하지 않았고 누구의 조언을 구하지도 않았다. 대책회의 소집 시시노, 남냉사나 임 잉 부시기 기 구인기 또는 일도 없었다. 누구를 오라 가라 하지도 않았다. 곧바로 판단해서 곧

바로 지시하고 곧바로 지시 내용을 실행에 옮기도록 했다. 하다못해 제천에 내려갈 차량 수배까지도 직접 했다. 자타가 공인하는 코로나19 전문가이기 때문에 이런 모습을 보일 수 있는 것이겠지만 다른 상황에서도 이런 모습은 크게 다르지 않을 것이다.

─── 한 청년의사의 '두 마리 토끼 쫓기'

아버지가 전주에서 유명한 의사였으니 집안이 유복했다. 지방에서 올라온 학생들이 학교 기숙사를 거쳐 방 한 칸 얻어 자취를 하거나 하숙을 할 때 여의도에 부모님이 마련해준 아파트에서 살았다. 학생운동에 몰두하는 바람에 9년 만에 의대를 졸업하고 남들보다 몇 년 늦게 전문의 자격을 땄지만, 그는 실업자 신세였다. 가기로 내정되어 있던 병원이 IMF 구제금융 사태가 터지자 채용을 취소하는 바람에 오갈 데 없는 처지였다. 운동권 핵심 인물이었고, 전문의가 되기 전에 『청년의사』라는 언론매체를 만들었으니 이미 의료계에서는 유명 인사였지만, 이 사람을 같이 일하는 동료나 부하로 받아들이려는 사람들은 많지 않았던 모양이다.

궁지에 몰렸을 때 이 사람은 더 크게 도전을 했다. IMF 사태로 부도 위기에 빠진 진로기업 소유의 인천 세광병원을 인수하기로 한 것이다. 개업을 한 적도 없고 페이 닥터로 일한 적도 없다. 집안이 넉넉하긴 했지만 그렇다고 200병상 규모의 병원을 통째로 인수할 재력은 없었다. 서른네 살 이왕준은 사실상 맨주먹 빈손이었다. 무슨 자신감이 있어 이런 모험을 했을까.

"송영길 선배 소개로 그 병원 노조원들을 만나 컨설팅을 해줬어요. 이러저러한 얘기 끝에 노조 사람들이 당신이 맡아서 한 번 해보면 어떻게 해보려고요. 처음에는 말두 안 되는 수리라고 했는데 어느 순간 한번 해볼 수 있겠다는 생각이 들더라고요. 남들과 다르게 하면 성공할 수 있겠다는 마음이 들었습니다."

부모님에게 빌린 3억 원에 아파트 담보 등으로 인수 대금의 일부를 마련했고, 나머지는 부채를 떠안는 조건이었다. 채권채무 관계가 거미줄처럼 복잡하게 얽혀 있고, 병원은 1년 동안 문을 닫고 있던 상황이라 환자는 단 한 명도 없었고, 병원 장비는 너무 낡아서 장부가격이 0원이었다. 희망이 없는 도전에 후배 8명이 동참했다. 운동권 시절 보여준 이 사람 리더십을 믿은 것인지, 아니면 『청년의사』를 만들 때 보여준 돌파력과 추진력을 본 것인지는 알 수 없으나 이 사람의 무모한 도전에는 동지들도 함께했다.

인천사랑병원(세광병원의 새 이름) 시절은 여러모로 주목할 만하다. 그가 성공의 신화를 쓰기 시작한 시점이고 의료문화를 획기적으로 바꾸겠다던 그의 청년시절 꿈이 구체화된 시기였다. 동시에 의료운동가 이왕준이 병원사업가 이왕준으로 변신한 시절이기도 하다. 그 시절을 꼼꼼이 살펴보면 그의 오늘을 알 수 있고 00'년대 청년혁명가들이 어떻게 변화해 가는지를 볼 수 있다.

인천사랑병원 경영은 참신했다. 교통사고 환자를 데려오는 기사들에게 '세탁비'라는 이름으로 뒷돈을 주던 관행을 거부한 것이 대표적인 예이다. 인천사랑병원에 환자를 데려오지 않던 기사들이 정작 자기 가족들이 아플 때면 이 병원으로 왔다. 양심적이고 투명한 병원이라는 소문이 나면서 생긴 일이었다.

"병원이 사회적 가치를 공유하면 사람들이 우리를 도와준다는 것을 알게 되었지요. 사회적 신뢰가 뿌리내리면 굉장히 중요한 자산이 될 수 있다는 것을 그때 확인했습니다."

인천사랑병원을 시작하면서 꿈의 공동체를 만들겠다고 했다. 노동자, 여성, 노인, 어린이 등 어렵고 힘든 사회적 약자에게 열린 병원이 되고자 노력했다. 불법체류 외국인노동자를 위한 의료공제회가 이 병원을 기반으로 해서 처음 시작됐다. 민간병원에서는 처음으로 사회복지사를 정식으로 채용하고 의료사회사업실을 만들었다. 지역 주민과 환자를 위해 매주 각종 공연을 비롯한 문화행사를 열었다.

개원 초기 100일 동안 병원에서 자고 먹고 명절에는 당직을 자원했다. 병원 직원 중 가장 적은 미화원 월급으로 80만 원만 받겠다고 선언했다. 사회적 가치 실현과 병원의 성장이라는 두 마리 토끼를 동시에 쫓겠다는 이 사장 목표는 빙공처으로 달성되었다. 병원 이수 3년 만에 모든 부채를 갚았다. 남들이 기적이라고 했다.

"발상의 전환이 있다면 의외로 쉬울 수 있습니다. 예를 들어 우리 병원에 전화를 하면 '문턱이 없는 병원, 젊은 병원, 지역 주민 병원'이라고 나옵니다. 우리 직원들이 내적으로 꿈꾸는 병원입니다. 의사도 꿈꾸고 직원도 꿈꾸고 환자도 꿈꾸는 그런 공통의 지점을 여기서 실험해 보자는 것입니다." (1999년 9월 『화해무한』 토루 즘에서)

병원을 개원하기 전 병원가(歌)를 만들었다. 돈도 없고 경력도 없고 장비도 변변치 않으니 노래라도 부르면서 힘을 모으자는 취지였다. 친분이 있던 노혜경 시인에게 '헌신, 사랑, 봉사' 같은 상투적인 단어들이 들어가지 않은 가사를 써달라고 부탁했고, 이건용 교수에게는 캠핑 가서 기타 치며 부를 수 있는 곡을 만들어 달라고 했다.

병원가의 마지막 부분은 이렇다. "세상의 걱정 근심 우리가 다 감당할 수 없지만 아파서 서러운 사람 없게 하리라." 이 노래를 무척 좋아했던지 이왕준은 병원 직원들을 상대로 상금 500만 원을 걸고 이 노래를 지정곡으로 하는 '슈퍼스타-M'이라는 노래 경연대회를 열기도 했다. 이 노래가 청년의사 이왕준의 병원에 대한 꿈과 이상을 담고 있는 것은 틀림없다.

——— '꿈의 공동체'에서 '이왕준 왕국'으로?

동지이자 후배들과 뜻을 함께하고 행동도 같이했지만 권한과 책임을 같이 나누지는 않았다. 책임도 혼자 지고 권한도 혼자 행사했다.

"같은 팀이고 동업자인 것은 맞는데 그 친구들이 돈을 낸 것은 아닙니다. 기획, 재무, 행정 등 백 퍼센트를 제가 다 했어요. 그 친구들이 몸으로 노력 봉사한 것은 맞는데 재정적인 것은 내가 다 책임졌습니다. 어설픈 동업은 분열로 끝난다는 것을 너무나 많은 사례에서 봤어요. 초창기에는 의기투합할 수 있지만 나중에는 분열로 끝났습니다. 예외가 없어요…. 현명한 철인정치가 맞지 여러 사람이 모여 민주적으로 한다고 꼭 결과가 좋다고는 생각하지 않습니다."

꿈의 공동체는 언젠가부터 이왕준 왕국으로 변해갔다. 병원 성공에서 이 사람 기여가 절대적이었지만 독주에 대한 반발 역시 만만치 않았다. 개원 4년차에 벌어진 노사갈등이 단적인 예이다. 27일간 파업이 벌어졌고 노조원들은 거세게 저항했다. 병원장실은 붉은 스프레이로 쓴 이 사람에 대한 온갖 험한 욕설과 낙서로 난장판이 되었다. 이왕준은 아수라장이 된 병원에서 100일 넘게 먹고 자면서 노조와 맞섰다. 이 사람은 노조에 양보할 생각도 없었고 기세에서 밀리지도 않았다.

"(노조에서는) 서울대 나온 범생이에 부잣집 아들이니 자기들이 세게 개기면 제가 노방살 거라고 생각한 거시죠. 그니니끼 그긴 양아치 짓을 한 것이지요."

민주노총까지 나서 이 사람을 비난하고 나서자 그의 분노지수는 극한까지 치솟았다. 약자들을 위해서 목숨도 바칠 수 있다고 생각했던 이왕준에게 노조와의 극한 대립은 이 사람 인생에서 중대한 분기점이 된다. 노조는 약자들의 모임이고, 노조의 주장은 곧 정의라는 단순한 생각을 더 이상 하는 말이 아니었다. 노조가 약자만은 아니고, 설사 약자일지라도 약자의 주장이 꼭 옳은 것만은 아니라고 생각하게 됐다.

"시간이 지나고 보면 우리의 정체성이 처음에 뭘 하겠다며 내세운 가치와 캐치프레이즈에 있는 것이 아니라 그런 시련과 도전을 받고 거기에서 살아남으면서 우리의 정체성을 정립해온 거 같습니다."

노조문제, 노동운동에 대해 말하는 것을 극히 조심스러워했다. 명지병원에 노조가 없지 않느냐는 질문을 던지자 곤혹스러운 기색이 스쳐 지나갔다. "명지병원에는 노조가 원래부터 없었습니다"라는 답이 돌아왔다.

—— 어려울수록 더 '쎄게' 나가라

학생운동에서 배운 것이 많다고 했다. 그 중의 하나는 어려울 때일수록 더 세게 나가라는 것이다. 1986년 5월 서울대 구국학생연맹 사건으로 구속되었던 이왕준은 그해 12월 1심에서 집행유

예로 석방되었다. 다른 동료들이 대부분 실형을 산 것에 비하면 고생을 덜 한 셈이었다. 부모님이 이리저리 힘을 쓰셨고 초기에 붙잡혀 드러난 혐의가 적기도 했지만 어쨌든 남보다 일찍 나온 것이 좀 미안했다.

이 사건이 시빙되고 한 달이 안 돼 서울대 후배 비춘진이 남영동 치안본부 대공분실에서 고문을 받다 숨지는 사건이 터졌다. 거기는 이왕준이 조사를 받았던 곳이었다. 당시 대한변협이 고문 관련 공청회를 열었고, 이 사람 변호를 맡았던 홍성우 변호사가 남영동 대공분실에서 조사 받은 내용을 공청회에 나와 증언해줄 것을 부탁했다. 이왕준은 홍성우 변호사의 부탁을 받고 20초쯤 고민했다. 독재정권이 말기적 증상을 보이던 시절에 집행유예로 풀려난 지 불과 한 달이 안 된 운동권 학생이 고문 관련 공청회에서 공개 증언을 하는 것은 다시 구속을 자청하는 일이었기 때문이다. 이 사람은 못 하겠다는 말을 못 했다. "알겠습니다. 몇 시 어디로 가면 됩니까"라고 묻고 전화를 끊었다.

공청회장으로 들어가는데 그렇게 많은 카메라 플래시 세례를 받기는 처음이었다. 연이어 터지는 셔터 소리에 정신이 없는 와중에도 '내가 여기에서 증언을 하고 살아남는 방법은 세게 증언하는 방법밖에 없다'고 생각했다. 자신이 고문을 당한 상황을 '쎄게' 그리고 '정확하게' 증언을 했다. 물고문을 받았고, 고문 참여 경관은 두 명이 아니고 다섯 명이었고, 물고문은 두 명으로는 불가능하다고 말이다.

증언을 마치고 돌아가려는데 고 김근태 의원 부인 인재근 씨와 유시민 작가의 누나 유시춘 씨가 자신을 군이 불러 밥을 사주더란다. 나중에 생각하니 이제 이왕준이 다시 구속될 텐데 우리가 그래도 따뜻한 밥 한 끼는 먹여서 보내야 되는 것 아니냐 싶어 그런 것 같다며 호탕하게 웃었다. '쎄게' 증언을 해서 시무에 대서특필 되어서인지 형사들이 24시간 밀착 감시를 하긴 했지만 다시 구속되지는 않았다.

─── 새우가 고래를 삼키고도 성공할 수 있는 힘

세광병원을 인수할 때, 사람들이 도대체 개인 병원도 경영한 적이 없는 사람이 어떻게 큰 병원을 경영할 수 있겠느냐고 하자 "저는 어렸을 때부터 아버지의 병원 경영을 어깨너머로 보면서 자랐습니다. 의사가 한 명인 병원과 열 명인 병원이 도대체 무슨 차이가 있습니까"라고 반문했단다. 그러니까 이 사람에게는 숫자가 10배가 되는 것은 문제가 아닌 것이다. 외형이 커진다고 조직 운영의 본질이 달라질 것은 없다고 본다. 이 사람이 인천사랑병원에 이어 그보다 덩치가 몇 배는 큰 명지병원을 인수하겠다고 도전한 이유다. 명지병원은 너무나 헐값에 나왔고 이것을 안 잡아야 할 이유를 어디에서도 찾을 수 없었다.

200병상을 가진 병원이 600병상의 대형 병원을 인수한 것을 두고 새우가 고래를 삼켰다는 말이 나왔다. 명지병원 인수는 인천사랑병원 때와는 차원이 다른 모험이었고, 이 사람 능력이 다시 한번 빛나는 대목이었다. 명지병원을 인수한 후 환자제일주의를 내세우며 이 병원을 지역 응급의료의 거점으로 키웠다. 병원 공간 혁신을 통해 분위기를 일신하는 것은 물론 사람에 대한 투자를 아끼지 않았다.

이 병원에서 5년 동안 근무하고 지난해 4월 국회 입성에 성공한 신현영은 이왕준 원장에 대해 "사람을 뽑을 때 출신, 배경, 조건을 보지 않으세요. 저는 명지병원 면접 볼 때 임신 오 개월이었어요. 몇 달 후면 육아 부담이 있다는 것을 뻔히 알면서도 저를 뽑더라고요. 저를 뽑아줘서 하는 말이 아니라 이 사람이 어디까지 할 수 있는지 역량을 보고, 우리 병원에 꼭 필요한 사람인지를 꿰뚫어보고 사람을 선택하더라고요" 하고 말한다.

무엇보다 이 병원을 감염병 대처의 메카로 키우겠다는 전략이 적중했다. 2009년 신종플루가 터졌을 때 주춤거리지 않고 2만 명이 넘는 환자를 치료했고, 2015년 메르스 사태가 터졌을 때도 명지병원이 가장 먼저 나섰다. 2012년에는 민간병원으로는 처음으로 공공의료사업단을 만들었다. 사회가 아플 때 병원이 자기 이익이나 따져서야 되겠느냐며 의료기관의 사회적 책무를 강조하는 태도는 이왕준과 명지병원을 우리 사회에 널리 알리는 계기가 되었다. 성과는 금방 나타났다. 병원을 인수한 지 6개월 만에 병원 인수 중도금 140억 원을 갚았다.

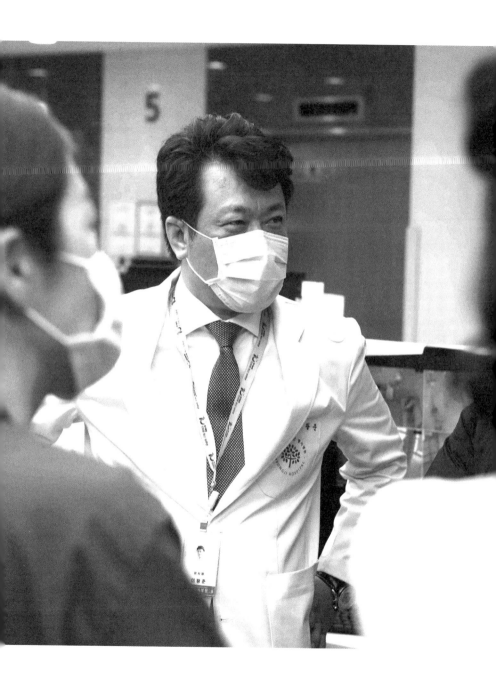

"제가 2015년 명지병원에 들어갈 때와 2020년 나올 때를 비교해 보면 병원 위상이 많이 올라갔고 평판도 달라졌지요. 감염병 시대를 미리 대비하고 선제적으로 대응한 덕분이라고 봅니다. 민간병원이 공공의료 영역를 맡는다는 게 쉽지 않은데 그 점에서 평가받을 만하다고 생각합니다." (신현영, 더불어민주당 의원)

　명지병원 법인이사 8명 가운데 6명을 임명할 권리를 갖고 있으니 이 병원 그룹의 제왕적 존재다. 종합병원 3곳, 요양병원 1곳, 요양원 1곳, 직원 3000명이 있는 대형 의료법인의 소유주다. 명지병원 홈페이지에 올라와 있는 신년사 동영상을 보면 이 사람의 1인 체제가 얼마나 확고한지 바로 느낄 수 있다. 신년사를 읽는 그의 모습은 자신만만하고 압도적이고 거침이 없다. 화면에는 나오지 않지만 이 사람이 신년사를 읽을 때 딴짓하는 참석자는 절대 없을 거 같다.
　명지병원 인수 이후에 이왕준의 모습은 자본의 논리에 충실한 병원사업가의 모습에 더 가까워진다. 공동체, 병원의 사회적 책무, 공공의료를 강조하는 모습이 사라진 것은 아니지만 방점은 성장이나 경쟁력 같은 데로 옮겨갔다. 병원 수지와 성장에 관한 수치가 수시로 등장하고 꿈의 공동체라는 말은 좀처럼 나오지 않는다. 명지병원 인수 이후 이 사람 모습은 길 위의 집을 짓는 낭만주의자의 모습이 아니라 거대한 바벨탑을 쌓는 야심가의 모습이다. 인천사랑병원 시절에는 그래도 흔적이라도 남아 있던 우리들의 공동체 이미지는 명지병원 그룹으로 도약한 뒤에는 이왕준의 왕국, 이왕준의 바벨탑

이미지로 바뀐다.

 '꿈의 공동체'라는 말은 명지병원에서 이제 더 이상 들리지는 않는 거 같습니다.

"병원이 성장하고 커지면서 그 많은 한부고 세세유기 이집비는 밋을 알게 된 것이지요. 작은 단위에서는 충분히 공동체적 단일성, 공감을 기본으로 해갈 수 있지만 조직이 커지면 그 말이 설득력을 잃게 되는 거죠. 예를 들면 이런 겁니다. 부모 밑에 있을 때는 가족으로 일차원적인 관계를 공유할 수 있지만 성장해서 자기 가정을 꾸리면 과거 같은 초기의 결속력을 갖고 가기 어려운 것이지요. 신입 직원들에게 병원의 역사를 설명할 때는 그 말을 이야기하지만 그 지향이나 슬로건을 지금은 내세우지는 않습니다."

 이왕준은 최근 다시 세상을 놀라게 했다. 명지병원-롯데건설 컨소시움이 경기도 하남시에 500병상 규모의 종합병원과 호텔, 컨벤션센터를 조성하는 H2프로젝트 우선협상대상자로 선정된 것이다. 이왕준은 강원도·전라도·수도권에 대학병원 또는 대규모 병원을 인수하거나 설립하려는 시도를 일곱 차례나 했지만 번번이 실패했었다. 이 사람은 7전8기라며 기쁨을 숨기지 않았다. 2400억 원 규모의 이 프로젝트가 성공한다면 이왕준 제국의 영역은 한층 더 확장될 것이다.

——— 피 말리는 반 집 승부를 즐기는 프로기사

여기까지만 말하면 고난을 극복한 한 수재의 성공 스토리 같지만, 그 성공의 이면을 뒤집어보면 사실 실패의 연속이다. 실패를 성공으로 거꾸 겨 기리고 있는 듯한 면도 있다. 허공에 외줄 하나 걸치고 천길 낭떠러지를 건너는 듯한 위태로움이 느껴지기도 한다. 재능과 열정이라는 외줄 하나로 말이다.

학생운동으로 구속돼 재판을 받을 때 이 사람 부친은 반성문은 쓰지 않아도 좋으니 최후 진술에서 '선처해주면 학교로 돌아가 의사가 되기 위해 노력하겠다'고 말하라고 부탁했다. 이 사람은 그런 말씀 하시려면 면회도 오시지 말라고 대꾸했다. 이왕준은 의사가 될 생각도 없었고, 그 시절 의사가 될 가능성도 없었다. 전 대검차장 조남관은 고교시절 절친이다. 학생운동을 하던 두 사람이 이런 말을 주고받았다. '내가 의사 되는 것과 네가 사법고시 합격하는 것 중에 무엇이 빠를지 내기하자.' 그런 말을 하면서 두 사람이 크게 웃었다. 그 때는 두 사람 모두 의사나 검사가 될 수 없다고 생각하던 시절이었다.

겨우 의대로 복학하긴 했지만 서울대 인턴 과정에 들어가지 못해서 1년 동안 시골병원에서 아르바이트를 하면서 젊은 청춘을 보내기도 했고, 전문의 자격을 따고서도 갈 데가 없어 몇 개월 방황도 했고, 노동자를 위해 살고자 했던 사람인데 악덕기업수라는 말도 들었고, 필생의 소원이고 바벨탑의 완성이라고 생각했던 대학병원 인수에도 실패했다. 그렇게 관동대는 떠나보내야 했고, 3년 넘게 공을 들였던 서남대 인수는 60억 원이 넘는 법적 분쟁만 남겼다.

사실 지금도 한 발 삐끗하면 나락으로 떨어질 수 있는 처지다. 100억 원이 넘는 돈을 투자해 야심차게 인수한 바이오 회사는 관리 종목으로 지정돼 거래 중지된 상태다. 거래 중지된 지 그 회사의 대표이사를 맡아 다시 한 번 벼랑 끝 승부를 펼치는 중이다. 명지병원은 비교적 안정궤도에 올랐지만 치열한 경쟁에서 계속 승자로 남을 수 있을지 누구도 장담할 처지가 아니다. 원래 가진 것 없이 출발해서 늘 돈에 허덕인다고 했다. 언제나 돈에 대한 걱정에서 해방될 수 있을지 모르겠다며 가장 중요한 것은 돈이라고 했다.

이런 처지인데도 끝없이 뻗어 나가려는 노력, 더 높이 바벨탑을 쌓으려는 적나라한 야망을 숨기지 않는다. 계속 달리지 않으면, 여기서 멈추면 쓰러지고 만다는 것을 머리보다 가슴으로 먼저 터득한 듯싶다. 좀 안정됐다 싶으면 새롭게, 더 크게 일을 벌인다. 일을 벌일 때 안전판 같은 것을 남겨두지 않는다. 자신이 가진 모든 것을 걸고 싸운다. 집 한 채를 빼면 부동산 같은 거 없고 자식들에게 물려주려고 따로 챙겨놓은 재산도 없다고 했다. 남들은 이제 그만하라고 한다는데 이 사람은 좀처럼 그 말을 듣지 않는다.

이런 스타일이 앞으로 달라질 거 같지 않다. 반 집 승부를 즐기는 프로기사 같은 느낌이 난다. 요행을 기대하지 않는다는 점에서 도박꾼은 아니다. 마지막 한 수까지 치밀하게 계산해서 반 집의 승리를 쟁취하는 사람이다. 마지막 수를 놓을 때까지 승패를 알 수 없는 피 말리는 싸움이다. 이런 싸움을 즐기는 사람이니 승부사라 부를 만하다.

자신의 성공 스토리는 아직 완성되지 않았다고 했다. 앞으로 2~3년, 늦어도 2025년쯤에는 지금과는 다른 차원의 성공 스토리를 말할 수 있을 것이라며 야심가의 면모를 숨기지 않는다. 이 사람이 어떤 말을 할 때 겁이룹기도 하고 위태로워 보이기도 한다.

─── **완고한 군주와 청년 혁명가의 두 얼굴**

1988년 의대에 복학한 뒤에도 학생운동에서 손을 떼지 않았다. 오히려 더 깊숙이 관여했다. 본인은 오프 더 레코드를 요구했지만 군이 그 요청을 지킬 일은 아닌 듯싶다. 전두환-이순자 체포결사대, 전대협 통일운동의 보이지 않는 곳에서 적지 않은 역할을 했다. 세상을 정치적으로 보는 훈련이 된 사람이고 정치권에 폭 넓은 인맥도 있으니 정치에 대한 관심이 없을 리 없다. 성공한 전문가이자 386 운동권 출신이니 여당은 물론 야당에서도 찾는 사람이 많았다. 보궐선거를 비롯해 모두 4차례 제안이 있었는데 모두 거절했다고 했다. 이 사람을 잘 아는 지인은 정치권에 뛰어들 타이밍을 놓쳤다고 표현했다. 거의 적수공권으로 인천세광병원과 명지병원을 인수하고 정상화시키느라 정치권에 들어갈 형편이 아니었다는 것이다.

그렇다고 이 사람이 앞으로도 정치와는 담을 쌓고 살 것이라고 볼 이유는 없을 것이니. 어디, 언제 해도, 정치를 하겠다고 덤비지 않을까 하는 것이 솔직한 느낌이다. 이왕 할 거 학생운동도 주변부가 아니라 주류에 가서 하겠다며 자연대나 의대가 아닌 사회대 언더서클을 찾아간 사람이다. 이런 사람이니 몇백 병상 병원의 주인공이 되었다고 거기에 만족할 리 없을 것이다.

이 사람을 두 번 만났다. 명지병원 이사장실에서 약 3시간 만났고, SBS 사옥에서 5시간 남짓 모두 8시간 넘게 대화를 나누었다. 첫번째 만났을 때 약간 독선적으로 보였는데 두번째 만나니 유쾌하고 친화력이 대단한 사람이었다. 끊임없이 자신의 과거와 현재, 그리고 미래에 대해 이야기를 토해냈다. 직설적이고 말을 돌려 하지 않았다. 말이 너무 길어져 중간에 말을 끊으려고 해도 자기 할 말은 끝까지 했다. 물러설 줄 모르는 탱크 같은 느낌, 성공에 익숙해진 완고한 군주 같기도 했는데 예전에 비하면 성질이 순해졌다고 했다.

자기가 아니라 조직을 위해 이제는 얼마든지 비겁해질 수 있다며 크게 웃기도 했다. 젊었을 때는 머리의 속도를 말이 따라가지 못해 중간중간 논리가 튀기 일쑤였고 목청도 높아서 자기가 말을 하면 남들이 '도대체 저놈이 무슨 말을 하려는 거야' 하는 눈빛으로 바라봤는데, 요즘은 머리회전이 예전에 비해 둔해져 논리의 비약은 없다며 사람들의 반응이 오히려 좋아졌다고 했다. 당신의 자리가 높고 권한이 커져서 그런 것이라고 생각하지 않느냐고 반문했는데 별로 동의하는 눈치가 아니었다.

자기 재능에 대한 자랑을 하지 않았다. 1990년대 공전의 히트를 쳤던 드라마 〈종합병원〉의 기본 밑그림을 이 사람이 그렸다는 것은 어느 정도 알려진 사실이다. 기본 플롯과 주요 인물의 캐릭터가 이 사람의 머리에서 나왔다. 말은 다소 장황하지만 글은 간결하고 잘 읽힌다. 적이 많을 거라 생각했는데 주변 사람들의 평은 마치 사전에 입이라도 맞춘 듯 칭찬 일색이다. 독선적이고, 목소리가 크고, 듣기보다 말하기를 즐기고, 입을 열면 좀처럼 말을 멈추지 못하는 사람이다 싶에세 끼부템을 줄 것이라 생각했는데 이러 지인들의 바응은 의외였다.

운이 좋다는 말을 좀처럼 하지 않는다. 아니, 이 사람 입에서 운이라는 말이 나온 적이 없다. 자신의 성공이 운이 좋아서 얻은 것이라고 생각하지 않는다는 뜻이다. 남들보다 더 노력하고 남들보다 더 독하게 버텨서 이 자리에 왔다는 것이다. 세상에 공짜는 없다고 했고 거저 얻은 게 단 하나도 없다고 했다. 명지병원 신년사에서 이런 말을 했다. 하버드대학에서 성공한 사람들에 대해 연구를 했더니 재능이나 성적, 아이큐 이런 것은 성공과 거의 관련이 없고 체육관 러닝머신에서 1분 1초라도 더 버텼던 사람들이 성공했다는 것이다. 자신이 성공한 것도 같은 이유라고 말하고 싶은 거다.

내가 주역이 되면 세상을 얼마든지 바꿀 수 있을 것이라고 생각했는데 세상은 그리 쉽게 달라지지 않는다고 말할 때, 세상이 변한 줄로 알았는데 그리 변하지 않았다고 말할 때, 아버지의 나이가 되니 진료실에서 평생을 보낸 아버지의 삶이 이해가 된다는 말을 할 때 이왕준은 나이 들어 보였다. 코로나 팬데믹 이후야말로 진정한 21세기의 시작이라며 병원을 플랫폼으로 한 새노운 기회글 이야기할 때, 바이오 혁명에 대해서라면 10시간을 말해도 부족하다고 말할 때 그는 여전히 청년이고 혁명가였다.

6년 전 병원 관계자들에게 IT신기술과 바이오산업을 기반으로 한 바이오 메디컬 비즈니스를 준비하자고 말했다. 동료들이 이렇게 물었다. "우리가 기술이 있습니까, 사람이 있습니까, 인프라가 있습니까? 우리는 아무것도 없잖습니까. 그런데 어떻게 그런 일을 합니까." 이왕준이 이렇게 답했단다. "우리는 전략과 병원이 있습니다." 여기에서 전략이란 말은 이왕준이란 말로 바꿔서 생각해야 한다. 남들에게 돈·인력·기술이 있을지 모르지만 그들에게는 이왕준이 없지 않느냐고 말하고 싶었을 것임에 틀림없다.

─── **바벨탑 안에 서러운 사람들이 깃들 자리도 있습니까**

이 사람의 바벨탑이 모래 위에 쌓은 것은 아니다. 위태로울 때도 있겠으나 이 바벨탑이 쉽게 무너질 거 같지도 않다. 신기루 같은 것은 더더욱 아니다. 탑 그 자체의 무게로 무너질 것이라 말하는 사람도 있었는데 그 말은 질시이거나 험담으로 들린다. 이 사람은 지금의 바벨탑을 쌓을 만한 능력이 있고 그 거대한 탑을 쌓기 위해 자신의 모든 것을 던지면서 살아왔다. 그의 성취를 평가하는 데 인색할 필요가 없다. 다만 이런 질문에 대해 앞으로도 계속 답하며 살아야 할 것이다. 당신의 성공으로 이 세상은 얼마나 나아졌습니까? 당신의 바벨탑 안에 병들어 슬프고 서러운 사람이 깃들 공간이 여전히 남아 있습니까?

김판수 | (주)호진플라텍 회장

굴곡진 현대사의 상처 끌어안은
'키다리 아저씨'

보이지 않는 나눔과 베풂,
인간에 대한 예의를 말하는 사람

목소리가 작고 가늘었다, 여러 사람들이 왁자지껄하게 떠드는 자리에서 이 사람 목소리는 다른 사람 목소리에 묻히거나 눌려서 잘 들리지 않을 것이다. 어디에서 목청을 높일 사람도 아니었다. 서너 번 식사를 같이한 사람마저 자기를 잘 기억하지 못하는 경우가 적지 않다고 했는데 그 말이 과장은 아니겠다. 어떤 이는 소년 같은 이 사람의 눈빛을 기억할 테지만 조용히 자리를 지키면서 가끔 미소를 짓던 이 사람을 기억하지 못한다 해도 무리는 아닐 터이다. 스스로 말하는 것처럼 존재감이 약한 사람이다. 체질상 술도 마시지 못하고 낯가림도 심하다. 그렇게 거의 평생을 살아왔다.

경력을 보면 주눅들어 살아왔다는 이 사람 말은 이해하기 힘들다. 1942년 사업가 집안의 9남매 중 장남으로 집안의 기대를 한 몸에 받았고, 그 기대에 어긋나지 않게 서울대에 합격했다. 광주일고를 거쳐 서울대 영문과를 다녔고 1960년대 영국과 덴마크에서 유학 생활을 했으니, 여기까지는 일급 지식인의 경력으로 손색이 없다. '간첩사건'에 연루되어 5년 동안 교도소에 있었고, 1970년대 후반 기업을 창업해 단단하게 일궈냈다. 1980년대 후반부터 다양한 사회단체와 개인들의 눈에 보이지 않는 후원자였다. 지난 1월 익천문화재단 '길동무'를 만들어 이사장으로 취임한 김판수 호진플라텍

회장의 간단한 이력이다.

대화 중에 이 사람이 거명한 사람들의 이름이 화려했다. 김지하, 이청준, 염무웅, 김정남, 리영희, 이부영, 김태홍, 임재경, 박원순, 송기원, 박성준, 한명숙, 김남주, 황석영, 김선주, 백영서, 김서령, 박혜수 등등. 이런 기라성 같은 사람들과 어울려 살았으니 그럴 수도 있겠다는 생각이 들었다. 이력 한 줄 한 줄에 한국 현대사의 고난과 성취, 희비가 그대로 담겨 있고 이 사람만큼 자신의 가치와 신념을 온전히 지키면서 살아온 사람을 찾기 쉽지 않은데 이런 사람이 그동안 제대로 알려지지 않은 것도 이해하기 어렵다.

────── 5년의 감옥생활, 부끄럽지도 후회하지도 않는다

이 사람의 삶을 말하자면 1969년 '유럽 간첩단 사건'부터 시작해야 한다. 이 사람이 '간첩'이 된 사연만으로 책 한 권은 너끈히 쓸 수 있지만 여기서는 최대한 줄여서 말하기로 하자. 1960년대 후반 유럽 유학 중 두 차례에 걸쳐 동베를린에 있는 북한 대사관에서 북한 사람들을 만났다. 유럽 유학을 주선하고 동베를린 방문을 권유한 고향 선배는 평양을 다녀오고 북한 사람들과 접촉했다는 이유로 1972년 사형을 당했고, 같은 사건에 연루된 당시 여당 국회의원도 극형을 선고받고 형장의 이슬로 사라졌다. 이 사람은 5년 동안 교도소에 갇혀 있었다. 갈라진 나라에서 저쪽 세상을 넘본 것만으로 죽을 수 있는 시대였고, 이 사람은 그런 야만의 시대를 온몸으로 경험했다.

지난 2013년 재심 법정에서 무죄를 선고받았다. 법적으로 무죄를 선고받았지만 자신의 행위가 법률적으로 금지된 일이었고 처벌받을 수 있는 행동을 했다는 걸 부인하지 않는다. 재심 법정에서 무죄를 받은 것은 당시 중앙정보부가 기본적 법법 체포를 저지르며 적법한 수사 절차를 지키지 않았기 때문이었다.

우연히 이 사람의 이름을 들었고 이 사람이 쓴 재심청구이유서를 읽었다. 이런 사람을 어떻게 모르고 살았나 싶어서 자료를 더 찾아보니 우리 시대의 문장가 고 김서령이 2008년에 쓴 인터뷰 기사가 있었다. 기사를 읽으면서 곳곳에서 탄식과 놀라움을 감출 수 없었는데 동베를린 북한 대사관에서 보낸 며칠의 기억을 이 사람이 회상하는 대목은 충격이었다. 북한 현대사를 다룬 선전 영상을 보고 '엉엉' 울었고, 거기에서 만난 북한 공작원들은 '역사와 문화에 대한 이해가 깊은 품위 있는 지식인'이었다고 말했다. 이렇게 말해도 되는가 싶은데, 그 뒤에 북한 체제는 '우상 숭배에 가까운 일인 독재'이며 단 한 번도 조국을 배신했다거나 북한을 추종한다는 생각은 하지 않았다는 말이 이어졌다.

염무웅의 말처럼 모든 항소이유서는 명문이다. 살아남기 위해, 풀려나기 위해 필사적으로 쓰는 글이기 때문이다. 이 사람이 2009년 쓴 재심청구이유서도 항소이유서의 일종인데 이 역시 명문이다. 혹시 누가 대신 써준 것이 아닌가 싶을 정도로 삼농석인데 본인이 쓴 거라고 했다.

이 글 쓰는 데 얼마나 걸렸습니까.

"하루 저녁에 쓴 것은 아니고 한 달쯤 걸렸을 겁니다. 재판부에서 재심청구이유서를 써달라고 하는데 제가 진실 되게 이야기하면 그걸 정말 귀담아 듣겠다는 느낌이 들더라고요. 글은 많이 안 써봤지만 내가 아니면 해줄 사람이 없으니까 고심을 하다 보니까 어떻게 쓰기는 썼습니다. 절박하지 않으면 이런 글이 안 나올 거 같아요."

이 글은 김판수가 어떤 사람인지를 보여주는 측면에서는 만점이지만 재판에서 무죄를 주장해야 할 사람의 글로 보면 빵점에 가까운 글이다. 독재정권 시절 있었던 이른바 공안사건에는 날조·왜곡·조작이라는 말이 예사로 붙는다. 어떤 사실 자체가 있었다고 인정하는 것이 곧 죽음일 수 있는 상황에서 사람들은 살기 위해 그런 표현을 붙였다. 이 사람의 재심청구서에는 조작·왜곡·날조라는 말은 물론 고문이라는 단어도 찾기 어렵다. 중앙정보부 조사실에서 얼마나 짐승 같은 대접을 받았는지도 말하지 않는다.

자신이 무죄라고 강변하지도 않는다. 자신의 행동이 부끄럽지 않고 5년의 형을 산 것이 억울하지도 않고 북한 대사관을 찾아간 것을 후회하지도 않는다고 담담하게 말한다. '간첩사건'의 재심을 요구하는 글이라면 문장과 문장 사이에 핏발이 서고, 단락과 단락 사이에 울분과 한이 허옇게 말라붙어 있어야 될 것 같은데 이 사람의 글은 말갛고 차분하고 정중하다. 누군가에게 속은 거라고, 누군가에게 강요당한 것이라고 할 수도 있고, 불가항력적인 상황이라고 말할 수도 있는데 이 사람은 그렇게 말하지 않는다. 정치적 상황이 달라지고 시간이 흘렀다고 이 사람 입장이 달라지지 않는다. 사실을 사실대로 말해야 한다는 생각으로 꽉 차 있다. 객관적으로 있었던 사실과, 자신의 생각을 명확히 구분해서 말한다.

이제 와서 본 사건 피고인들의 완전한 결백을 주장하거나 미화하고 싶지는 않습니다. 순수한 의도와는 상관없이 저희들이 북한 사람들을 만나게 된 것은 엄연히 실정법 위반이었지요. 그러나 과연 그만한 과오로 한창 피어나는 젊고 유능한 학자를 사형시켜야 했을까요. 그냥 뒀으면 세계적인 석학으로 성장했을 엘리트의 목숨과 바꾸어서 우리가 얻은 것은 과연 무엇이었을까요. (유럽간첩단사건 재심청구이유서 중에서)

박정희 정권 시절 중앙정보부에서 수사를 받았다고 하면 지옥 같은 시간을 떠올린다. 실제 그랬기 때문이다. 그런데 이 사람은 그렇게 심한 고문을 당한 것은 아니라고 말한다. 일종의 결벽증이 있는 거다. 진실해야 한다는 강박에서 자유롭지 못한 사람이다.

중앙정보부에 끌려가서 고초를 겪은 부분에 대한 이야기를 듣고 싶습니다.
"사실 저는 자백해야 될 것이 별로 많지 않았어요. 그래서 고문을 심하게 당한 편은 아닌데 그래도 맛은 다 봤어요. 물고문, 전기고문까지….

고문 후유증 같은 것은 없습니까.

"그런 것은 없었습니다. 저는 그렇게 심하게 고문을 받지는 않아서…."

자신을 합리화하는 좋은 방법은 상대방을 악마화하는 거잖아요. 자기를 처벌했던 박정희 정권을 악마화하는 방법도 있을 테고, 한때 동경 내지 이해의 대상으로 생각했던 북한을 악마라고 공격하는 방법도 있을 텐데, 이사장님은 전혀 그러시지 않는 게 인상적이었습니다만.

"한승헌 변호사님이 이렇게 된 것에 대해 한 번이라도 후회한 적 있느냐고 묻더라고요. 제 행동이 떳떳하고 잘한 거라고 하면 공산주의 사상을 주장하는 것이 되지 않을까 두렵긴 했지만 한 변호사님에게 그랬습니다. '이제까지 내가 길을 잘못 들어서서 내 신세가 이렇게 됐다라고 생각한 적은 한 번도 없습니다.' 이 사회에서 가장 무서워하고 싫어하는 것이 '빨간 딱지'가 붙는 일이지만 저는 그게 별로 부끄럽지도 억울하지도 않았습니다. 우리나라 현실이 그런 걸 허용하지 않고 지금도 핍박을 받지만, 제가 그렇게 나쁜 짓을 하지는 않았다라고 생각하기 때문입니다."

이 사건으로 징역 5년을 선고받고 1969년부터 1973년까지 대전교도소에서 수감 생활을 했다. 『감옥으로부터의 사색』으로 유명한 신영복, 박성준 등이 같은 교도소에 있었다. 그 때 박성준은 신혼 6개월 만에 통혁당 사건으로 붙잡혀 들어왔다. 박성준의 아내가 성

탄절을 맞아 남편과 같은 방에서 지내고 있던 김판수에게도 카드를 보내왔다. "우리 마음을 다 담을 수는 없어도 언젠가 훗날을 기약하기 위해 이 카드를 보내 드립니다." 이 카드를 보냈던 박성준의 아내가 한명숙 전 국무총리다.

감옥은 학교였다. 그는 시간을 허비하지 않으려 애썼다. 부지런히 책을 읽고 일본어를 배우고 독학으로 작곡을 공부했다. 낙관주의자의 면모가 엿보이는 시절이다. 교도소에서 배운 것이 일본어만이 아니었다. 세상의 가장 낮은 곳이 아니면 배울 수 없는 것을 배웠다.

"교도소가 아니면 깨우치지 못했을 인간의 가치랄까, 세상 사는 경위랄까 이런 것을 그 안에서 배웠습니다. 교도소 안의 다양한 인간 군상을 통해 인생을 배웠기 때문에 단 한 번도 오년이라는 세월을 헛되이 보냈다고 생각한 적이 없습니다."

사상범으로 잡혀왔으니 당연히 전향 요구가 있었고 그 요구를 순순히 받아들였다. 전향할 '사상' 자체가 이 사람에게는 없었지만 말이다.

─── **자기 존재증명을 위해 시작한 사업**

1973년 대전교도소에서 풀려났을 때 이 사람을 마중 나온 사람은 거의 없었다. 민주투사의 석방이라고 환호하는 동지들도 없었고 그를 하늘 높이 헹가래치는 후배들도 없었다. 따뜻하게 위로의 말을 건네는 사람들도 없었다. 쓸쓸한 출감이었다. 그는 운동권 학생도 아니고 정치에 뜻을 둔 청년도 아니었다. 어쩌다 보니 세월의 질곡에 사로잡혔을 뿐이었다. 감옥 한 번 다녀온 것을 훈장 삼아 운동권에 기웃거릴 생각은 없었고 그런 것이 이 사람 체질에 맞는 일도 아니었다. 그를 불러주는 곳도 거의 없었다.

자신의 존재를 알아주는 사람이 없으니 스스로 자신의 존재를 증명할 수밖에 없었다. 1979년 친구 사무실 한켠에 책상 하나 가져다 놓고 사업을 시작했다. (주)호진플라텍의 모체가 되는 호진실업을 창업한 것이다.

"다른 길이 없다 해서 여기에 전념한 거죠. 운동권에 있다가 어디 갔다 나오면 훈장 달고 나온 것처럼 여기저기 폼 잡고 다니다가 그냥 어렵게 살고, 남에게 피해도 많이 끼치고 그런 선후배들 많이 봤거든요. 나는 그래서는 안 된다, 누가 나를 인정하든 인정하지 않든 나는 여기서라도 뭔가를 이루자라고 생각했어요."

예전에 알던 거의 모든 사람과의 인간관계를 끊다시피 하고 오직 사업에만 전념했다. 다른 곳에 눈 돌릴 여유가 없었다. 처자식을 먹여 살려야 한다는 생각, 여기에서 실패하면 내가 더 이상 물러설 곳이 없다는 절박감이 컸다. 그의 고향이 신군부의 군홧발에 참인하게 짓밟힌 1980년에도 먹고사는 일에 매달려 '광주'를 돕거나 찾지 못했다. 광주항쟁 시절에 기억할 만한 일을 했느냐고 묻는 문자를 보냈더니 딱 잘라서 "전혀 없습니다"라고 답했다. 1980년대는 이 사람에게 무엇보다 사업, 먹고사는 일이 우선이었다.

"저는 그런 시대를 살면서도 개인적 안위가 우선이었어요. 내가 나를 포기하고 투쟁의 현장에 가서 옳은 일을 하지는 못했어요. 그에 대한 마음의 빚이랄까 그런 감정을 느끼지요."

신문 볼 시간조차 없이 오직 사업에만 집중하던 시기였다. 유학 중 익힌 영어와 감옥에서 배운 일본어 덕을 톡톡히 본 시절이기도 했다. 홍릉에 있는 한국과학기술원(KIST)에 가서 해외 저널과 논문을 구해와 번역해서 최신 기술을 익혔다. 사업을 시작하기 전에는 들어본 적도 없는 도금 분야 일이었으니 화학의 기본부터 시작해야 했다. 수중에 자금이 넉넉한 것도 아니었고 경험이 있는 것도 아니었다. 믿을 것은 오직 자기 자신뿐이었다. 그렇게 해서 도금 분야에서 최고의 전문가가 되었다.

"제 손으로 번역한 미국 논문, 일본 논문이 수백 편이 됩니다. 우리 국내에서는 아직 이야기 나오지 않고 일본에서야 겨우 이야기되는 것을 얼른 번역을 해서 전부 공부를 하는 겁니다. 그런 과정을 경험 있는 사람들이 와서 가르쳐주고 그런 것이 아니라 전부 내 스스로 했어요. 그래서 거기에 대한 자부심이 좀 있습니다. 태양광 같은 분야는 우리가 독보적인 존잽니다."

무역으로 먹고살아야 하는 사람인데 국가보안법을 위반한 사상
범이라는 이유로 여권조차 나오지 않았다. 달리기를 해야 하는데
반이 묶인 것이나 다름없었다. 그런 세월을 눈곱만큼의 엄살도 부
리지 않고 이야기했다. 사실은 사실대로 말해야 한다는 강박은 이
대목에서도 여전했다.

다른 것을 할 수 없어 사업을 했다지만 사업이야말로 이 사람에게
딱 맞는 일이었다. 돈 버는 재미도 있었다. 이 사람이 잘 할 수 있는
것은 문학도, 영화도 아니었고 정치는 더더욱 아니었다. 광주에서
의류제조업을 하면서 몇십 명 직원을 두고 큰 부를 일궜던 부친의
피가 이 사람 몸에 흐르고 있었다.

"내 정체성이 사업에 있다, 여기서 다른 것을 쳐다보고 하면 제대로
될 수가 없다고 생각했고 오로지 사업밖에 몰랐어요. 내가 여기서
뭔가를 이루어야 내 존재 가치가 있는 거지 다른 걸로는 할 방법이
없었어요. 내가 정치를 할 것도 아니고 영화판으로 갈 것도 아니고
먹여줄 사람이 있는 것도 아니고⋯."

독재정권 시절이었지만 경제는 호황이었으니 사업가로서 정체성
을 찾으려던 그의 선택이 그 시내의 흐름에 요 좋게 맞아떨어긴 셈
이다.

——— 후원은 깜냥껏 소리 나지 않게

사업이 어느 정도 자리를 잡고 난 1990년대 이후로 많은 사람들에게 도움의 손길을 내밀었고 더 많은 사람들에게 밥을 샀다. 이 사람에게 음으로 양으로 도움을 받은 사람들이 많았지만 그는 자신의 존재가 드러나는 것을 원하지 않았고 잘 드러나지도 않았다. 이름을 밝히고 후원한 곳보다 이름을 밝히지 않고 후원한 곳이 더 많다.

근 10여 년 전 우연히 신문에서 리영희재단이 출범했다는 소식을 듣고 후원을 시작했다. 후원을 부탁하는 사람도 없었고 누가 그 재단을 주도하는지도 몰랐지만 이런 단체를 후원하는 사람이 별로 없겠다는 생각으로 매년 1000만 원씩 꼬박꼬박 기부금을 보냈다. 지난해 작고한 『녹색평론』 발행인 김종철에 몇 번인가 적지 않은 돈을 건넸다. 누구에게도 당신에게 돈 줬다고 말하지 않을 테니 외국 여행이라도 하고 다른 사람들에게 밥이나 사라고 했다. 좀처럼 팔리지 않을 듯한 책을 고집스럽게 펴내는 출판사 대표와 있었던 일화를 흐뭇하게 이야기했다.

"대구에 있는 출판사가 좋은 책을 냈길래 스무 권 주문하고 이백만 원을 계좌로 보냈어요. 출판사 대표가 여자분이던데 이런 문자를 보내왔어요. '저하고 일면식도 없고 인연도 없는 분인데 아무 말도 없이 돈을 보내주신 것을 보고 너무 놀랐습니다. 제가 인생을 제대로 살아왔는지 돌아보게 됩니다.' 이런 문자를 받고 저도 참 감동 스럽더라고요. 어려운 상황에서 조금이라도 도움을 주면 돈 자체 가 큰 힘이라기보다 그래도 뭔가 열심히 하면 도와주는 사람도 있 을 수 있구나, 이런 생각을 하게 하는 것도 상당히 좋은 거 같더라 고요."

몽양 여운형선생 기념사업회에 연 2~3회 300만 원씩 보냈다고 했다. 이 사람 기부 사실은 이 사업을 주도해온 이부영 전 열린우리 당 의장이 먼저 밝히지 않았더라면 묻혔을 것이다. 기부 액수도 차 이가 있다.

"보통 이런 단체에 도움을 주는 사람들이 연회비로 오십만 원 정도 를 냅니다. 그런 사람들이 일백 명쯤 있어야 이런 모임이 유지가 됩 니다. 그런데 김판수는 월 삼백만 원씩 냈습니다. 저희에게는 아주 큰 힘이 되었습니다." (이부영, 몽양 여운형선생 기념사업회장)

기록을 통해 확인할 수 있는 후원금, 기부금만 해도 1년에 7000만 원에 가깝다. 알려지지 않은 후원과 사람들에게 술 사고 밥 사는 것 까지 더하면 그 규모는 더 커질 것이다. 알짜 기업이라지만 연매출 규모가 220억 남짓한 중소기업을 경영하는 사람이 감당하기엔 큰 돈이다. 연 1억 원 이상은 좋은 일에 쓰시는 것이니 가 했더니 그 렇게는 안 되고 많아봐야 5~6000만 원 정도일 거라고 했다. 자신이 쓰는 돈은 박하게 셈을 했다.

"천성이 남 어려운 것을 보면 못 참는다고나 할까요. 그렇다고 내 분수 모르고 마구 돈 뿌리는 것은 아니고 제 분수껏 하는 겁니다. 무리해서 내 이름을 알리기 위해서, 어디에다 뭘 했다는 것을 알리기 위해서 뭘 한 적은 없습니다. 제 나름대로 충분히 감당할 수 있는 범위 내에서 해왔습니다."

자신의 행적을 적극적으로 드러내는 것을 내켜 하지 않던 사람이 입을 열기로 한 것은 역시 나이 때문일까 싶었다. 인터뷰 요청을 해도 거부하지 않을까 했는데 자기는 별로 할 말이 없는 사람이라면서도 선선히 응했다.

─── **몇몇 아릿한 의절의 사연**

이 사람이 친구들과 의절한 사연은 어딘가 아릿한 데가 있지만 이 사람이 어떤 사람인지 잘 보여준다. 친구들 가운데 이미 이 세상 사람이 아닌 사람도 있어 이 사람 말을 그대로 옮겨 적기 조심스럽지만 이 사람을 보다 잘 이해하려는 차원에서 적는다.

서울대 문리대 선배이자 친구인 김지하는 배울 것이 많은 사람, 존경할 만한 동지였다. 유럽에서 귀국해서 1969년 구속되기 전까지 김판수가 가장 자주 어울린 사람이 김지하였다. 김지하에게 피

신처를 제공하기도 했고, 그 인연으로 김지하의 친구이자 서울대 학생운동권의 핵심 인물인 손정박이 김판수의 매제가 되기도 했다. 감옥에 있을 때 작곡 공부를 하면서 만든 〈서울길〉이나 〈사랑의 빛〉 같은 노래는 김지하 시에 곡을 붙인 것들이다. 김판수가 1973년 감옥에서 나오고 신지하 그 무렵 구속되면서 두 사람의 만남은 엇갈렸지만 김지하에 대한 이 사람의 애틋한 우정은 변함이 없었나. 1980년대 초반 김판수는 해남에 살고 있던 김지하를 찾아간다.

김판수는 김지하에게 하고 싶은 말이 많았다. 감옥 안에서 작곡한 〈서울길〉 악보도 보여주면서 내가 가장 어려웠던 시기에 너를 생각하며 곡을 쓰면서 힘을 냈다고 말하고 싶었다. 김지하는 이 사람에게 그런 말을 할 기회를 주지 않았다. 김지하는 자기 말을 하기에 바빴을 뿐 이 사람의 말과 생각은 전혀 궁금해 하지 않았다.

"세계적으로 알려진 시인, 핍박 받는 민주화 운동의 상징으로 행세하더군요. 자기를 둘도 없는 친구로 존경하고 한시절을 같이 보낸 친구로 저를 대하는 태도가 전혀 아니었습니다. 저는 안중에도 없어요. 자기 하고 싶은 말만 하고… 그렇다고 제가 거기에서 화를 내고 나올 형편도 아니었고… 참 씁쓸했습니다."

그렇게 한 번 틀어지고 나니 사실상 끝이었다. 1990년대 초반, 김지하가 폭압정권에 내에 강기 청년들이 죽음으로 저항하는 상황을 '죽음의 굿판'이라 말하는 걸 보고 그가 정신적으로든 육체적으로

든 깊이 병들었다고 생각하니 오히려 연민이 느껴졌다.

언론인 출신으로 재선 국회의원을 지낸 김태홍은 고등학교, 대학교 친구인 동시에 오랜 동지였다. 1980년대 민주언론운동을 적극적으로 후원하고 보도지침 내용이 담긴 『말』지를 몰래 운반해준 것도 김태홍과의 인연 때문이었다. 김판수가 대전교도소에 수감 중일 때 김태홍이 잊지 않고 이 사람을 찾곤 했다.

두 사람의 수십 년에 걸친 우정은 어찌 보면 사소할 수도 있는 일 때문에 크게 어긋났다. 김태홍이 광주 북구청장으로 일하던 무렵 고향에 성묘차 가는 길에 모처럼 연락을 해 만나기로 약속했다. 그런데 김태홍은 약속 장소에 나타나지 않았다. 사전, 사후 어떤 양해나 사과도 없었다. 약속 장소에는 그의 부인도 함께 있었기에 그의 자존심이 더욱 상했던 듯싶다.

"우리가 보통 친구, 보통 동창이 아니거든요. 피를 나눈 친구 같은 감정을 주고받은 존재인데 김태홍의 행동은 인간에 대한 예의에서 너무 벗어난 거예요. 나이가 들어 좀 너그럽게 봐줄 수도 있는 게 아닌가 싶기도 했지만 마음으로는 그래도 보고 싶지는 않았습니다. 그래서 안 봤습니다."

김태홍이 루게릭 병으로 임종을 앞둔 시점에 친구들의 강권에 못 이겨 병상의 김태홍을 찾아가서 눈으로 인사를 나누기는 했지만 마음이 예전처럼 돌아서지는 않았다고 했다. 한번 아니면 영원히 아니라는 얼음장 같은 단호함이 있다. 자존심이 강하고 경위에 어긋나는 일을 못 참는 사람이다.

──── 지켜야 할 도리는 지키며 사는 삶

소설가 이청준, 문학평론가 염무웅 그리고 이 사람은 묘한 3각관계다. 염무웅과 이청준은 서울대 독문과 동기, 이 사람과 이청준은 광주일고 동기다. 이청준을 통해 이 사람은 염무웅을 만났고 세 사람은 한때 하루라도 못 보면 병이 날 만큼 가까운 관계였다. 지금 염무웅은 이 사람이 가장 가깝게 여기는 친구지만, 이청준은 한없이 멀어진 존재가 되었다. 반세기 넘게 이 사람과 교유 해온 염무웅에게 김판수가 어떤 사람이냐고 물었더니 '참 괜찮은 친구'라고 했다.

"오십 년 전부터 지금까지 일관된 마음을 유지하고 있는 사람이지요. 감옥에도 갔다 오고 맨땅에서 사업을 이루고 하는 게 아무나 하는 게 아니잖아요. 눈에 얼른 보이지 않지만 매우 단단하고 일관된 정신이 없이는 될 수 있는 일이 아니지요." (염무웅, 문학평론가)

글 잘 쓰고 목소리 큰 친구들 사이에서 이 사람이 다소 주눅들어 지낼 때, 사람들에게 별로 사랑할 수 없나고 생각길 때마다 염무웅은 늘 따뜻한 격려를 잊지 않았다.

"저는 주눅이 잘 드는 사람입니다. 왜냐하면 저는 제가 하고 싶은 것은 하나도 제대로 해보지를 못했습니다. 남들처럼 좋은 글 쓰고 싶었는데 그러지 못해서 항상 주눅이 들고 그랬는데요. 요즘에 와서는 건방진 생각인지 모르지만 내가 어느 자리에서 어떻게 살든 인간으로서 지켜야 할 도리는 다 지키면서 사는 것이 제익 주요한 게 아닐까 싶고, 그런 면을 염무웅이가 믿어주고 인정해주고 그런 거죠."

잘 모르는 사람들을 만날 때 김판수는 염무웅에게 종종 동행을 부탁하곤 했다. 염무웅은 낯가림이 심한 김판수가 그 자리의 어색함을 덜기 위해 자신과 같이 가기를 원하는 것이라고 설명했지만, 김판수는 염무웅과 함께 있는 것이 일종의 존재증명 같은 것이었다. 염무웅이 있어 내 삶이 크게 그르지 않다는 증명이 되는 것이다.

이청준은 광주서중, 광주일고 동기이고 서울대 문리대 시절을 함께 보냈다. 영국에 유학 중이던 김판수에게 자신의 등단 작품이 실린 『사상계』를 우편으로 보내주기도 했다. 이 사람은 문단의 신성으로 떠오르고 있던 이청준이 자신의 막역지우라는 것을 자랑스럽게 여겼다. 때로는 너무 많이 아는 것이 독이 될 수 있다. 김판수는 이청준에 대해 너무 많이 알고 있었다. 이청준의 성장기는 징그러운 가난의 기억으로 가득 차 있었고 그 시절을 돌이켜보는 것조차 고통스러울 정도였다. 이 사람이 보기에 이청준은 자신이 살을 맞대고 살았던 가난한 시절과 어려운 사람들을 외면했다.

"이청준이 소설가로서 대단히 성공을 했잖아요. 자기가 그랬으니 어려운 사람들의 심정을 잘 알 거 아니에요. 그런데 그런 사람들을 아예 안 보려고 해요. 자기가 어렸을 때 경험한 고통을 겪고 있는 사람들에 대해 연민을 느끼기보다는 그냥 거기에서 멀어지려고 합니다. 자기 어려웠을 때 너무 괴롭고 비참했으니까 그 생각을 하고 싶지 않은 거예요. 저는 도저히 이해할 수 없었어요. 그래서 제가 이청준이를 죽을 때까지 안 봤습니다. 친구들이 가자고 해도 안 갔습니다."

배우지 않은 사람들도 쉽게 문학을 접할 수 있어야 되는 것 아니냐는 김판수의 말에 이청준이 '거기 갔다 오더니 주의자가 된 거 아니냐'고 되쏜 것만으로 두 사람의 관계가 어그러진 것은 아니었다. 이청준에게 김판수는 자신의 어려운 시절을 상기시키는 존재, 그래서 돌아보고 싶지 않은 친구였을 것이다. 글 쓰는 일에 대한 동경을 평생 품고 살았던 김판수에게 이청준은 자신이 이르지 못한 영역에서 그만의 왕국을 건설한 사람이었으니 이청준은 자신을 주눅들게 하는 존재였을 것이다. 그렇게 생각하면 두 사람이 멀어진 것은 어쩌면 예정된 수순인지 모른다.

김판수가 주장하는 의절의 사연을 이청준이 이야기하면 전혀 다른 말이 될 것이다. 그러나 이미 이 세상 사람이 아닌 이청준의 이야기를 들을 수는 없었다. 그만이 된 친구에 대한 감정의 응어리가 여전해 보였다. 두 사람 불화의 깊이가 깊었구나 싶었다.

——— 소년의 표정을 지닌 팔순의 '키다리 아저씨'

실패와 좌절의 기억이 많다. 평생 문학을 동경하면서 살았지만 제대로 된 글을 쓰지는 못했다. 젊은 시절 꿈은 영화감독이었지만 근처에도 가보지 못했다. 1990년대 초반 사업으로 돈을 번 밑자 외국 영화 수입에 나선 것도 영화에 대한 미련 때문인데, 정작 돈만 날리고 극장에 수입한 영화를 걸어본 적은 없다. 국가보안법, 반공법 등 나름 '화려한' 죄목으로 5년이라는 긴 시간을 감옥에서 보냈지만 민주화 운동의 일선에 서본 적이 없다. 기업을 일군 것이 나름 자랑이지만 큰 돈을 번 것은 아니었고, 이름만 대면 누구나 알 정도의 기업으로 키운 것도 아니다.

그래도 이 사람이 승자다. 인생이라는 긴 마라톤에서 결승점이 이제는 눈에 보이는 지점에 이르고 보니 이 사람이 승자처럼 보인다. 내내 대열의 후미에 있던 사람이 갑자기 선두로 치고 나오는 듯한 느낌이다. 앞에서 달리던 사람들이 하나 둘 사라지거나 탈락하거나 뒷걸음을 치는 사이 이 사람은 자기만의 달리기를 계속해오고 있다. 경제적 여유, 건강, 나름 원칙을 지키며 살아왔다는 자부심, 50년 전 일을 어제처럼 회고하는 기억력 등을 앞세워 이제는 자기 자신에 대해 말하고 싶어 한다.

인생에서 어찌 보면 '내가 승자'라는 생각은 안 합니까.

"가장 중요한 건 자기가 세상살이를 제대로 알고 판단을 하고 그 사리를 따져서 자기를 지키면서 사는 것이 중요한 거 아닌가 싶고, 그런 면에서 저는 초심을 크게 흔들리지 않고 그걸 지키며 살려고 노력하지 않았나 싶습니다. 우리가 훌륭하다고 생각했던 사람들이 나이 들어 실망스럽게 변하는 것을 많이 봤는데, 저는 그런 소리를 안 ▨▨▨▨ ▨▨▨, 나중에 그 사람 괜찮게 살다 죽었더라는 말을 들으면 좋겠습니다."

문화예술인들을 위한 작은 사랑방 하나 만들자는 생각에서 비영리 재단 '익천문화재단'이 시작되었다. 그동안 모은 재산을 이 사람 방식으로 사회에 환원하는 일이기도 하다.

"내가 이 재산 남겨놓고 죽어봐야 아무 가치도 없는 거고, 애들한테 물려줘 봐야 아이들을 행복하게 한다는 보장도 없고, 오히려 더 불행하게 될지도 모르고. 그래서 이건 내가 쓰고 죽어야 하는데 어디에 쓸까 고민하다가 이런 재단을 만들면 남에게 손 벌리지 않고 한 삼년은 버틸 수 있지 않을까 싶어서 만들기로 한 겁니다."

서울 방배동에 문을 연 재단 사무실이 문화예술인들이 언제라도 편하게 들러 쉴 수 있고 이야기도 나눌 수 있는 사랑방이 되기를 바란다. 점심 저녁은 언제든 사겠다는 것이다. 큰 돈 주는 문학상까지는 어렵지만 창작기금 정도는 ▨▨▨ 수 있다고 했다. ▨▨ ▨▨ 지비용까지 포함해서 1년에 대략 3억 원 정도면 지금까지 출연한

14억6000만 원으로 자신의 3년 임기는 버틸 수 있을 것이라고 생각한다. 친구들을 위한 사랑방이지만 자신을 위한 놀이터이기도 하다.

말을 못하는 사람이 아니다. 말할 기회가 없었을 뿐이다. 이 사람에게는 5시간의 인터뷰 시간도 부족해 보였다. 듣는 시간이 지치는데 이 사람은 끄떡없이 말을 이어갔다. 마음 같아서는 1박2일 정도 길게 시간을 잡아서 이 사람이 작곡한 노래도 들어가며 이야기를 듣고 싶었다. 그렇게 해도 이 사람에게는 충분하지 않을 것이었다. 말할 자격이 넘치는 사람이고 말할 자리도 이젠 마련되어 있다.

우리 공동체가 기억할 만한 가치의 원형질 같은 것을 그대로 간직하고 있는 사람이다. 열정, 배려, 용기, 순수 같은 거 말이다. 팔순을 바라보는 사람 표정이 소년 같은 것은 그런 가치를 잃지 않고 살아왔기 때문일 것이다. 술은 못 마시지만 지금도 노래방 가면 노래 한 곡조 제대로 뽑는다. 청춘의 빛나던 한때 덴마크 유학시절 주말 파티에서는 춤 솜씨와 팝송으로 좌중을 휘어잡았던 사람이다. 그런 매력에 빠진 한 핀란드 소녀와의 반세기 순애보가 일간지를 크게 장식한 적도 있다. 나이가 든다는 것은 대개 허물이 쌓이는 일이다. 나이가 들수록 고결해지기 어려운 이유가 여기에 있다. 이 사람에게는 해당되는 말이 아닌 듯하다.

강헌 | 경기문화재단 대표

실패 중독의 운명을
조율하다

'격렬'과 '간절'의 위태로운
'좌파 명리학자'

는 부단 사에 중독된 채 인생을 살아온 사람이다. 소설에 중독됐고 영화에 중독됐고 '이념'에 중독됐고 한때는 도박에 중독된 적도 있다. 술에 중독된 채 살다가 건강이 망가졌고 여전히 위태위태하게 살면서도 니코틴 중독에서 헤어나지 못하고 있다. 여자에게는 수시로 중독됐고 와인에 중독됐고 공연 연출에 깊이 빠진 적도 있다. 음악은 이 사람이 가장 오래 중독된 분야인데 이제는 사주팔자에 빠져 산다. 무언가에 중독되지 않고는 살지 못하는 사람, 명리학자이자 음악평론가인 강헌의 이야기다.

심장에서 피를 쥐어짜 온몸으로 돌리는 힘이 정상인의 5분의 1이 안 된다고 했다. 피를 돌리는 힘이 약하니 모든 신체 기능이 떨어진다. 걷는 것도 조심스러워 보였다. 운동이 부족할 수밖에 없고 운동이 부족하니 체중이 느는 것은 당연한 일이다. 두 달에 한 번씩 병원에 가서 정기 검진을 하고 처방을 받는다. 17년 전 대동맥이 70센티미터가 찢어져 한 달 가깝게 혼수 상태로 생사를 넘나들었는데 그 후유증이 여전한 것이다. 수술도 불가하고 다른 처방도 없다. 그저 스트레스 받지 않고 무리하지 않고 조심조심 몸을 달래가면서 사는 것이라고 했다. 언제 터질지 모르는 폭탄을 몸 안에 두고 살아가는 셈이다. 죽을 고비를 넘긴 사람이라고 생각했는데 아직 그 고비를 완전히 넘은 것은 아니었다.

2004년 아무도 없는 사무실에서 쓰러졌다. 중병의 사전 징후 같은 것은 없었다. 일주일에 닷새 술을 마셨다. 한번 마시면 많을 때는 소주 12병, 적게 마시면 8병을 마셨다. 그렇게 마셔도 몸은 끄떡없었다.

"그렇게 마셔도 되는 줄 알았는데 그것이 제 인생을 지옥으로 몰고 갔습니다."

자기 몸이 철로 만들어진 게 아니라는 것을 쓰러진 뒤에야 알았다. 사무실에 핸드폰을 두고 간 제자가 없었다면 그대로 황천길이었다. 병원으로 옮겨져 23일을 의식을 잃은 상태로 지냈다. 의사가 사망 확률 98%라고 했으니 그가 깨어난 것은 기적이었다. 의식을 되찾고 다시 자신의 두 발로 걷기까지 2년이 걸렸다. 자신의 힘으로 걸을 수도 없는 처지에서 그는 20년도 훨씬 전 대학 입시에 실패하고 낙담해 있을 때, 명리학을 하던 친구 아버지가 자신에게 했던 말을 기억해냈다. 40대 초반에 죽을 고비를 맞을 것이고 결혼을 세 번하고 등등. 그 말이 섬광처럼 생각이 났고 그때부터 자기 운명이 궁금했다. 서점에서 '사주팔자' '명리학'이란 단어가 들어간 책이란 책은 다 사서 읽기 시작했다. 그것말고 달리 할 일도 없었다.

의식이 돌아오고 자기 발로 다시 걷기는 했지만 건강은 마치 해동할 무렵 얼음장 위를 걷듯 조심스러웠다. 언제 다시 동맥이 찢겨 나갈지, 심장이 폭탄 터지듯 터질지 모를 일이었다. 이 사람에게 보이는 세상이 쓰러지기 전의 세상과 같았을 리 없다. 명리학을 공부해서 세상이 새롭게 보인 것도 사실이겠지만 그런 경험을 한 사람에게 세상이 예전과 변함없이 같게 보인다는 것도 말이 안 되는 소리다.

——— 장학금으로 산 클래식 음반, 용달차로 싣고 와

자신을 '프롤레타리아 자식'이라고 소개했다. 아버지와 어머니는 부산 미군부대에서 40년 넘게 일했다. 1981년 서울대 국문과에 들어간 것은 소설가가 되고 싶었기 때문이다. 처음부터 운동권 학생이었던 것은 아니었다. 반(反)운동권 학생이었다.

"저는 운동권에 대해서 굉장히 시니컬하고 비판적이었습니다. 제가 보기엔 X도 아닌데 왜 그렇게 인간들이 마르크스와 레닌에 허약한지 모르겠더라구요. 저는 그런 선배들을 못살게 굴고 심지어는 주먹질도 하고 그랬습니다. 학과 사무실 테이블에 자유낙서장이 있었는데 대놓고 운동권 선배·동료들을 비난하는 글을 수시로 써대서 과 분위기 불편하게 만들고 그랬습니다. 반운동권 또라이였죠."

'몰래바이트'라고 불리던 과외를 애써 빈 드으고 당시 삼성전가 실입사원 월급이 20만 원이 되지 않을 때 22만 원짜리 코트와 8만 원쯤 하는 니트를 입고 다니는 이 사람을 지방 갑부집 아들로 생각하는 사람들이 많았다. 앵무새처럼 맑스와 레닌만 이야기하는 것이 아니라 파가니니와 리스트처럼 살고 싶었다. 세상이야 어찌 되든 자신이 누릴 수 있는 최대한의 쾌락을 누리고 싶었던 사람이었다.

태생이 자유분방하고 먹물 근성이 그득한 사람이니 그 시대 두두한 좌파 이념의 세례를 피하기는 어려웠다. 좌파로 전향하는 것은 시간 문제였다. 음대 대학원에 다닐 때 당시 서울대 사회학과 대학원에 다니던 김종엽, 정준영 등과 어울리면서 마르크시즘이 생각보다 유연하고 다양한 관점을 가질 수 있다는 것을 알게 됐다.

"운동하던 친구들에게 '너희들이 마르크스나 레닌처럼 이십년만 살면 존중해줄게' 그랬어요. 그런데 그렇게 산 놈이 한 명도 없어요. 다 변했어요. 그래서 마지못해 제가 운동권이 됐습니다."

국문과를 졸업하고 서울대 음대 대학원에 들어갔다. 이때부터 본격적인 엇박자 인생이 시작된다. 얼마나 음악을 사랑했으면 국문학도가 음대 대학원을 갔을까 싶었는데, 사실은 입대를 미루기 위한 방법이었다. 군대는 죽어도 가기 싫은데 국문과 대학원은 더욱 가기 싫었다. 이미 또라이로 소문이 났으니 국문과 대학원에는 이 사람 자리가 없었는지도 모르겠다. 대학원 시험에서 제2외국어를 보지 않는 단과대학이 음대뿐이라서 음대 대학원을 갔다고 했지만, 클래식부터 시작해서 트로트까지 자기보다 많이 음악을 들은 사람

은 없을 거라고 했다.

"서울대 음대는 굉장히 폐쇄적이고 귀족적인 곳입니다. 저 같은 양
아치를 불러들이는 곳이 아닙니다. 아직도 제가 왜 음대 대학원 시
험에 붙었는지 그 이유를 모르겠어요."

서울대 음대 작곡과 대학원 입학정원은 다섯 명이었는데 이 사람
이 들어간 해만 여섯 명을 뽑았다. 그 해에 음대 안에서 어떤 일이
있었는지 모르지만 대학 3학년 때 이미 장문의 음악평론을 쓰고, 대
학 4학년 때『조선일보』신춘문예를 통해 등단한, 불량기 넘치고 자
신감은 더 넘쳤던 이 사람을 음대 교수들이 놓치기 아까웠던 모양
이다.

이 대목에서 정주영 고 현대그룹 명예회장이 이 사람 입을 통해
호출됐다. 긴 이야기를 짧게 정리하자면, 고등학교 때 자신을 무시
하던 전교 1등에게 복수하기 위해 죽어라 공부를 해서 성적이 '한
때' 좋았고 그 덕에 아산장학재단이 주는 장학금을 받았다. 그런데
그 액수가 무려 380만 원이었다. 1978년 주택복권 1등 당첨금이
1000만 원이었으니 지금 가치로 치면 5000만 원쯤 되는 돈이었다.
그 돈을 받아 어머니에게 드렸더니 네가 공부 잘해서 번 돈이니 네
가 알아서 쓰라고 했다.

"어떻게 하면 그 돈을 폼 나게 쓸까 고민하다가 제가 잘사는 친구

집에 가면 제일 부러운 것이 레코드 판이었습니다. 우리나라 노래 듣는 것은 가오가 떨어지는 것 같아서 제대로 알지는 못하지만 부산 서면에서 제일 큰 레코드 가게에 가서 'A부터 Z까지 클래식 음반을 다 뽑아주세요'라고 했어요. 용달차를 불러 음반을 싣고 집에 왔습니다."

이 사람 화법의 특징은 과감한 생략과 담대한 강조다. 사람들의 귀를 잡아끌 만한 몇 가지 요소만 딱 잡아서 이야기를 만들어 낸다. 어지간한 것은 과감하게 생략해버리고 강조할 것은 망설이지 않고 강조한다. 중요한 것은 전체 스토리와 흐름이지 사소한 디테일이 아니다. 말할 때만이 아니라 글을 쓸 때도 이런 특징은 변하지 않는다.

⎯⎯ 다재다능을 넘어선 멀티플레이어

독일로 유학 가서 음악사회학을 공부할 뻔했지만 결국 공부는 나의 길이 아니라는 결론을 내린다. 당초 꿈꾸던 문학에서도, 그 다음에 선택한 음악에서도 자기 둥지를 찾지 못했다. 무리에서 튕겨져 나온 건지, 아니면 무리에서 뛰쳐나온 건지 애매하다. 문학과 음악의 결합이 영화에서 가능할 것으로 보고 영화에 도전하기로 했다.

"사실 저는 영화광은 고사하고 영화를 좋아하는 청년도 아니었어요. 영화가 그렇게 매력적인 장르는 아니었는데 영화가 교육받지 못한 대중들에게 끼치는 영향이 소설이나 이런 것과는 다르겠다 싶었습니다. 내가 어떤 메시지를 많은 사람들에게 전달한다면 이제는 글이 아니고 영상이 되겠구나 싶었습니다."

충무로에 가서 하루 종일 혼자 어슬렁거리다가 우연히 영화판에 있던 대학 선배 신철을 만나서 시나리오를 쓰게 되었고, 그 인연으로 영화계에 발을 들인 뒤 독립영화 제작집단인 '장산곶매'를 결성한다. 1990년대 동구 사회주의 몰락으로 정치적으로는 좌파 이념이 몰락하고 있었지만 문화예술 분야는 진보 예술 진영이 정부에 치열하게 맞서며 조금씩 승리를 쟁취하던 시절이었다. 대표적인 것이 영화 사전검열 철폐운동이었고 장산곶매는 이 운동의 선두에 서 있던 집단이다. 장산곶매에서 〈오! 꿈의 나라〉 〈파업전야〉 〈닫힌 교문을 열며〉 같은 독립영화 제작에 참여했다.

이 사람이 들려주는 그 무렵 영화판 이야기는 한 편의 무협소설이다. 정파와 사파의 자리에 안기부와 운동권이 있고, 잡으려는 자와 잡히지 않으려는 자, 막으려는 자와 뚫으려는 자의 치열한 두뇌 싸움이 장풍 대결을 대신한다. 열정은 넘치는데 돈은 없고, 정의감은 넘치지만 재능은 따르지 않던 청년 영화인들의 이야기는 무협지를 읽는 것처럼 흥미진진하다. 그 당시를 어제 일처럼 복기해내는 이 사람 입담이 아니라면 그 시절 실상은 훨씬 찌질한 것일지도 모른다.

말의 아귀가 딱딱 맞아떨어지는 것은 아닌데 무협소설이나 홍콩

느와르 영화 같은 이 사람 이야기가 허황되게 들리지 않는다. 어딘가에 과장이 있겠고 어딘가에 슬쩍 거짓을 묻어두고 있을 테지만 이 사람 따라 연신 폭소를 터트리다 보면 경계심은 온데간데없다. 자기 이야기를 하는 것은 틀림없는데 세상이 나를 중심으로 돌아가던 기억이라고 말하지 않는 것도 이 사람 특징이다.

영화 제작에 관여했는데 감독을 했다는 기록은 못 봤습니다.

"그 때 전부 다 말은 안 하지만 모두 감독을 하고 싶어 하는 거예요. 저는 그게 너무 웃겼어요. 감독은 완전 노가다인데 저걸 왜 하고 싶어 하지. 그 때만 해도 영화가 감독의 예술이란 것을 제가 몰랐던 거죠. 그 때는 영화를 만드는 것 자체가 정권과의 싸움이었기 때문에 저는 감독보다는 제작이 훨씬 재미있었고, 다른 사람에게 돈 받아오는 일 같은 것은 제가 제일 잘한다고 생각했죠. (폭소) 운동권 조직을 통해 영화를 배급했는데 이 돈을 떼먹는 놈들이 있었어요. 저는 그런 양아치 같은 새끼들 끝까지 추적해서 돈 받아오곤 했어요. 수금 실적이 탁월해서 〈장산곶매〉 대표가 됐나 봐요. (폭소) 〈파업전야〉는 대박이 나서 저희가 전노협*에 일억 원을 기부하기도 했습니다."

장산곶매는 사전검열 철폐를 내세우던 운동단체였고 당연히 이

• 전노협, 전국노동자협의회의 준말로 1990년 창립되었다가 1995년 해산했다. 한국전쟁 이후 최초로 만들어진 노동자 조직으로 민주노총의 전신이다.

사람과 친구들이 만든 영화는 모두 불법 영화였다. 〈닫힌 교문을 열며〉 제작자로 이름을 올렸다가 영화법 위반 혐의로 기소되었다. 제작자였던 이 사람의 이름이 피고인으로 명기된 사건은 법원을 거쳐 헌법재판소까지 가게 되었고, 헌법재판소는 이 법이 위헌이라고 선고했다. 자신이 대한민국에 기여한 게 있다면 검열철폐운동에 이르을 올린 거라고 했다.

영화판 이야기가 어느 순간 슬그머니 사라지고 공연 기획 이야기가 들어오는가 싶더니 어느새 와인 이야기가 나온다. 한 가지만 하기에는 이 사람 타고난 재주가 너무 많다. 대중들에게 가장 널리 알려진 것은 음악 칼럼니스트지만 음악평론을 할 때도 그 일만 한 것은 아니다. 서너 가지 일을 동시에 했고 원고를 쓸 때도 몇 가지 글을 동시에 쓴다. 음악평론을 빼면 10년 이상 한 일이 없다. 길어야 5~6년, 그보다 짧게 끝낸 일도 한두 가지가 아니다. 이런 자세와 태도가 어디 일에서만 그랬을까 싶다.

어디 한 곳에 천착하지 못한다고 하셨는데 사람과의 관계도 그렇습니까?
"예. 사람과의 관계도 오래 못 가는 거 같습니다. 돌이켜보니 제 생애 전체를 아는 사람이 없어요. 특히 제가 쓰러지고 난 2004년 이후로는 술을 마시지 못하니까 사람들을 만날 일이 더 없어지게 됐습니다."

여복(女福) 내지 여난(女難)에 관한 스토리가 숱하게 있을 법한데 그런 이야기는 굳이 묻지 않았다. 여자와 술을 빼놓고는 이 사람을 제대로 이해하기 힘들 것이고 들을 이야기도 많을 테지만, 이 사람의 아픈 상처도 이 부분에 있을 듯했다. 이 사람의 상처를 새삼 덧내고 싶은 마음은 들지 않았다.

—— 실패는 처절해도, 시도 않은 것보단 재밌다

서울대 국문과 졸업에 서울대 음대 대학원을 나왔으니 음악평론가로 이상적인 이력을 갖췄다. 음악에서 의미를 찾아내 그것을 자신의 말과 글로 풀어서 사람들에게 전달하는 데 귀재였다. 대중음악에서 정치를 읽어내고 한 시대를 찾아 복원하고 계급을 논하고 때로는 음탕하게 섹스를 말해준다. 음악이 날라리만이 아니라 지식인의 영역일 수 있다는 것을 증명한 사람이다.

다른 이야기에 몰두하다가 하마터면 요즘 트로트 열풍에 대해 질문하는 것을 빼먹을 뻔했다. 트로트에 대하여 10분 넘게 혼자 말을 이어갔다. 중간에 질문을 던질 틈을 주지 않았다. 마치 머릿속에 미리 준비된 녹음을 틀어놓은 듯했다. 다른 주제도 그렇지만 특히 트로트 부분은 이 사람 말은 전혀 손보지 않아도 받아 적으면 그대로 한 편의 글이 된다.

K팝이 일종의 글로벌 스탠다드가 되어가는 상황에서 가장 낡았다고 여겨지던 트로트가 젊은 사람들에 의해 그 베이스를 맡고 있는 것은 대한민국 대중문화가 가지고 있는 근본적인 역동성을 보여주

는 것이라고 했다. 트로트가 온갖 천대를 받으면서도 살아남은 가장 결정적인 이유로 서민적 리얼리즘을 들었다. 예를 들어 1970년대 도시화 물결 속에서 농촌을 떠나 도시빈민 지역에 정착한 노동자의 감성을 대변한 게 트로트였고, 1990년대 트로트는 주류 음악이 전혀 아니었지만 야간 밤무대, 고속도로 휴게소 테이프 시곳에서 벌어지는 행사, 환갑잔치 같은 산업적 통계에 포함되지 않는 그들만의 시장을 개척하면서 놀라운 생명력으로 살아남았고 그렇게 살아남은 트로트가 TV라는 메이저 포맷을 통해 최근 폭발하고 있다는 것이다. 〈미스 트롯2〉를 보면서 난생 처음으로 문자 투표를 보냈다고 했다.

"제주댁 있잖아요. 양지은인가… 그 사람에게 예선부터 문자 투표하고 친구들에게도 그 사람에게 투표하라고 독려했습니다…. 우리 사회가 1970년대부터 열심히 노력하면 잘살 수 있다는 희망이 있었습니다. 그런데 지금은 그 희망과 약속이 좌절되었습니다. 아무리 실력이 있고 노력을 해도 안 된다는 거대한 좌절감이 우리를 감싸고 있습니다. 그것이 젊은이들이 절망하는 가장 큰 이유인데 이 프로그램은 그래도 실력이 있으면, 전력과 과거는 어떻게 되었든 살아남을 수 있다는 것을 보여주었고 사람들이 거기에 자기 감정을 이입하기 시작한 것입니다."

강헌은 그 프로그램에 등장하는 사람들이 수많은 실패를 거듭해왔던 자신의 또다른 페르소나라고 했다. 참가자들을 응원하면서 '역시 내가 인생에서 실패를 많이 했나 보다'라고 혼잣말을 했단다.

두 손으로 다 꼽기 어려운 직업을 가졌다는 것은 한 가지 일에 뿌리내리지 못했다는 말이고 성공한 게 없다는 뜻이다. 나처럼 많은 실패를 경험한 사람 있으면 나와 보라고 했다. 경기문화재단 대표 면접을 볼 때 장점이 무엇이냐는 질문에 대해 '미술을 제외한 모든 분야에서 수많은 실패를 경험한 것이 자신의 장점'이라고 답했단다.

이력을 보면 화려하기는 하지만 이렇게 많은 실패를 겪은 사람도 없겠다는 생각이 듭니다. 건강 문제, 사회적 커리어, 가정사도 그렇고….

"경제적으로도 그렇지요."

실패를 통해서 무엇을 배웠습니까.

"실패를 통해서 확실하게 배운 것은 실패는 처절하다는 것입니다. 또 한 가지는 시도하지 않는 것보다는 실패가 훨씬 재밌다는 것입니다. 물론 그것 때문에 너무 많은 대가를 지불해야 하는 게 문제이긴 합니다. 제 감정의 구성 요소 중에는 후회와 반성의 키워드가 없는 거 같아요. 그런 걸 할 시간이 있으면 차라리 새로 할 걸 생각하는 게 훨씬 이익이라고 생각하죠."

생각했던 것보나 훨씬 많은 실패의 지연, 불화와 갈등으로 점철된 삶이었던 듯하다. 그러나 자신의 사주에는 후회와 반성이 없다는 사람에게 당신이 왜 실패했는지 말해보라고 요구하는 것은 어리석은 일이다. 실패담이 아니더라도 이 사람에게 듣고 싶은 이야기는 얼마든지 더 있었다.

——— '재미 없는 의미는 존재할 수 없다'

자신이 유일하게 잘하는 게 강의라고 했다. 한 학기에 보통 1400명이 듣는 대학 강의를 10년 넘게 하면서 내공이 쌓였다고 했다. 음반 재킷 사진 한 장으로 한 시대를 말하는 재주는 이 사람 아니면 기대하기 힘들다. 모르는 분야가 없다. 아니, 모르는 게 없을 리 없는데 이 사람이 모르는 것처럼 보이지 않는다.

어떤 분야에서도 초보인 적이 없었을 것 같은 인상을 줍니다. '모든 분야에서 언제나 내가 제일 잘 알아' 이렇게 말하는 듯합니다.
"잘 모르는데 어떻게 말을 해요? 그럼 듣는 사람이 뭐가 돼요. 잘 모르는 사람의 이야기를 듣자고 앉아 있는 거잖아요. 몰라도 잘 안다고 해야 앉아 있는 청중이 안심을 하죠."

의미가 없는 재미는 존재할 수 있지만 재미가 없는 의미는 존재할 수 없다고 믿는다. 이 말은 철저하게 모든 사안을 대중의 눈높이에서 본다는 뜻이다. 재미를 원하면서 의미까지 바라는 사람들의 심정을 꿰뚫어본다. 청중들이 쓰고 있는 근엄한 도덕주의자의 가면을 한 순간에 벗겨버리는 데 선수다. 비속어와 욕설, 성적인 농지거리가 여기에 동원되는데 그렇다고 그의 이야기가 막장으로 흐르지는 않는다. 오히려 시종일관 지적인 분위기를 유지한다. 많은 사람들이 기꺼이 돈을 내고 이 사람의 강연장을 찾는 이유일 것이다.

김어준과는 오래된 인연이다. 두 사람 모두 힘든 시절, 이번 달은 뭘 해서 먹고살지를 고민하고, 비슷한 가정사로 괴로워하면서 거의 붙어살다시피 했다. 지금 기준으로 보면 거의 사기에 가까운 방법으로 대기업을 '홀라당해서 많이 털어먹었고' 그 때 경험이 없었으면 오늘의 김어준은 없을 거라고 했다. 듣고 보니 두 사람의 화법도 닮았다. 강헌이 조금 점잖기는 하지만.

"명리학적으로 김어준과 내가 사주가 비슷해요. 서로 죽이 굉장히 잘 맞는 대목이 있어요. 사기성이 농후하다는 것도 그렇고 먹는 거 밝히고 여자 좋아하는 것도 그렇구요."

2014년부터 3년 동안 이 사람이 와인과 명리학, 재즈 강연을 한 장소가 김어준이 운영하던 서울 대학로의 '벙커1'이라는 곳이다. 2012년 대선 직후 김어준이 "파리로 도망가면서" 자신에게 '벙커1'의 뒷일을 부탁했다는 것이다. 그 시절은 이 사람 인생에서 최악의 시절이었다. 교통사고가 나 동승했던 전처가 죽었고 하고 있던 와인가게는 문을 닫았고 설세식으로 모들겼다. 공항 간에로 매일 아파트 15층에서 뛰어내리려는 충동을 극복하기 위해 안간힘을 쓰던 시절이었다.

"제가 스스로 목숨을 끊으려는 충동을 이겨내려면 밖에 나가서 일을 해야 되는데 김어준이 이걸 나에게 던져주고 간 것은 내 운명인가 싶었습니다. 그래서 내가 무조건 할 테니 시간만 비워두라고 해서 시작한 게 '전복과 반전의 순간'이라는 강좌입니다. 그 때는 제가 살기 위해서 어떻게든 살아남기 위해서, 내가 죽다 살아났는데 또 그냥 죽을 수는 없지 하는 생각으로 필사적으로 강연을 했던 기억이 납니다."

——— 명리학을 알기 이전과 이후

종교와 이데올로기가 하던 역할을 명리학이 대신하는 시대가 오고 있다. 태어난 해와 달과 날과 시간으로 자신의 운명을 가늠해보려는 사람이 급증하고 있다. 서점에 명리학 책이 즐비하고 유튜브에서 가장 인기 있는 채널이 사주팔자 채널이다. 명리학에서 위안을 구하고 성공의 가능성을 찾고 실패를 정당화할 구실을 찾는다. 명리학 열풍은 천년 넘게 미신이자 혹세무민의 잡설로 천대받던 전통 역술의 복권 선언처럼 들리기도 한다.

이제는 자기 스스로에게 자신의 운명을 물어야 되고 자기 스스로에게 위안을 구해야 되는 시대다. 여기에 경쟁은 더 격렬해졌다. 이기는 것은 고사하고 살아남기 위해서는 무엇보다 언제 나가야 되고 언제 물러서야 할지 판단하는 것이 중요하다는 것이다. 자신의 어떤 부분은 덜어내야 되는지 어떤 부분은 보완해야 하는지 알기 위해서 모든 사람이 명리학을 공부해야 한다는 것이 이 사람의 주장이다.

명리학에 대한 이 사람의 간증은 절절했고 진지했고 길었다. 낄낄거리고 깔깔거리면서 말하던 사람이 명리학 이야기가 나오니 급 진지 모드로 변했다. 다른 곳에서도 명리학을 말할 때만은 진지를 넘어 엄숙이다. 이 사람의 진지한 표정을 보면 사주팔자는 미신이라거나 혹세무민하는 거라는 말을 입 밖으로 내기 어렵다.

"제가 절망적인 상황에서 명리학을 접하게 되었지만 저는 명리학을 모르던 시절과 그 이후가 달라져도 너무 달라졌다고 생각합니다. 좌파인 점에서는 변함이 없지만 그 이전에 저를 알던 사람과 그 이후에 저를 알던 사람이 만나면 전혀 다른 사람을 대하는 거 같다고 합니다."

'서툰 사람은 무시하고 정의롭지 않은 자는 경멸하는 사람'이었는데 명리학을 알고 난 이후 모든 인간이 존엄한 존재라는 것을 알게 됐단다. 그 간명한 사실을 그때서야 알게 된 모양이다. 경기도에서 일하면서 경험한 관료주의의 폐해를 질타하면서 쏟아내는 그의 독설을 생각하면 사람들에게 너그럽게 된 이후가 이 정도라면 그이전은 어땠을까 싶다.

자신의 명리학을 '좌파 명리학'이라고 이름 붙였다. 사주팔자 따지는데 좌, 우가 어디 있느냐고 물으니 명리학이 개인의 행복과 불행만을 따지면서 우경화했다면서 원래 혁명을 말하는 학문이라고 했다. 명리학이 교조화 되면 안 된다는 설명을 하면서 레닌과 마르크스를 예로 들었다. 어떻게든 좌파라는 말은 버리고 싶지 않은 모양이다.

수많은 명리학자 중에서 이 사람 이름이 유독 대중들에게 기억되고 불린다. 이 사람이 쓴 명리학 책은 몇 년째 베스트셀러 자리를 내놓지 않는다. 때로는 명리학이 유행하는 게 아니라 '강헌의 명리학'이 유행하는 것처럼 보인다. 책으로, 강연으로, 유튜브로, 방송으로 곳곳을 누비며 명리학을 전도하고 다닌다.

명리학은 비주류의 세계다. 한의학이 당당하게 시민권을 확보하고 거리를 활보하는 사람이라면 명리학은 여전히 불법체류자 신분이라는 비유는 명쾌하게 명리학의 현재 처지를 보여준다. 강헌은 강호에 이름을 널리 떨치던 시절에도 주류는 아니었다. 대학에 자리를 잡지 못했고, 이렇다 할 직함을 가져본 적이 없었기 때문이겠지만 어딘가 마이너의 정서를 풍기던 사람이다. 과학적 사회주의를 믿던 사람이 종교와 학문의 경계조차 모호한 명리학에 빠진 것은 놀랄 일이었지만, 비주류였던 사람이 비주류의 학문을 본격적으로 공부한다고 보면 명리학과 강헌의 만남은 예정된 만남일 수 있다.

명리학자로서 내년 대선 전망을 물었는데 이 사람 대답은 그리 명쾌하지 않았다. 여권은 이재명 경기지사가 후보로 거의 결정된 거 같은데 야권은 윤석열이 유력해 보이긴 하지만 아직 모르겠다는 정도의 대답이었다.

내년 대선 결과는 알고 있는데 말할 수 없다는 겁니까.

"말할 수 없습니다. 제 꼭이 달리 기라서…"

천기를 누설할 수 없다는 것인지 아니면 다른 이유가 있는지 이야기하지 않았다. 2012년 문재인과 안철수 후보단일화 국면에서 안철수로 단일화하는 것이 진보 진영의 승리 가능성을 높인다고 말했다가 민주주의의 배신자 취급을 당했던 게 이 사람 입을 무겁게 만드는지도 모른다. 이 사람에게 굳이 답을 추궁하고 싶은 마음은 없었다. 공동체의 운명을 정하는 일이 후보의 생년월일 여덟 자에 달렸다는 것을 납득하기 어려웠기 때문이기도 하지만, 한 나라의 운명을 명리학자의 입을 통해 듣고 싶지도 않았다.

———— **이재명과의 인연, 명리학으로 풀어보면?**

평생을 살면서 한 번도 월급을 받아본 적이 없었다. 그런 사람이 2018년 말 경기문화재단 대표로 취임했다.

"명리학적으로 보면 2018년이 제 인생에서 획기적인 무언가 일어나는 해였습니다. 어떤 자리에 오르거나 큰 명예를 얻게 될 운수였는데 그 해 시월에 경기문화재단과 인연이 닿았습니다. 그래서 여기에 오게 됐습니다."

공모 형식을 거치긴 했지만 그 자리에 간 것은 경기도지사 이재명의 뜻이었다. 이재명이 무슨 생각으로 이 사람을 자신의 곁에 두기를 원했는지, 이 사람은 또 무슨 생각으로 이재명의 곁에 있기를 바랐는지 궁금했다. 두 사람 인연을 묻는 질문에 대한 답변은 의외였다. 성남시장 시절에 한 번 만나서 밥을 먹은 게 인연의 전부이고, 임명장 받은 이후 3년 동안 따로 만난 적은 한 번도 없다는 것이다. 그러니 이재명의 참모도 아니라고 했다.

이재명과 함께 일하기로 했을 때 이재명이 다음 대권을 잡을지 궁금했을 거 아닙니까.
"물론입니다."

그럼 답을 하셨을 거 아닙니까.
"저한테는 했습니다."

그 답이 무엇이었나요.
"그건 지금 제가 답을 할 수가 없습니다. 왜냐하면 당사자에게 답을 안 했고 지금은 말할 수가 없습니다. 말을 하려면 제가 거짓말을 해야 됩니다. 제 생각을 온전히 말하면 제 목숨이 위험합니다."

그럼 이재명 지사와 당신과의 관계는 명리학적으로 좋습니까.

"아닙니다. 별로 안 좋습니다. 명리학적으로는 그렇게 서로 도움이 되는 관계는 아닌 거 같습니다. 서로를 잘 이해할 수는 있지만 그렇게 도움이 되는 관계는 아닙니다."

알 듯 모를 듯한 말이었지만 이 대목에서도 더 따져 묻지는 않았다. 묻는다고 이 사람이 답을 더 할 거 같지도 않았다. 이재명의 대권 운세를 말하는 대신 경기도 관련 통계를 술술 이야기했다. 예를 들면 경기도의 31개 시·군 중 서울과 경계를 공유하는 곳이 12곳인데 이들 시·군의 경제활동인구 가운데 52.6%가 서울로 출근한다는 식이다. 경기문화재단 대표가 머릿속에 넣고 있을 필요는 없는 통계였다. 경기도 지사와 같은 눈높이에서 경기 도정을 바라보고 있다는 뜻으로 해석했다. 요설 같은 역술 이야기보다 이런 이야기가 더 의미 있게 들렸다.

경기문화재단 대표는 경기도 관내 미술관과 박물관을 책임지고 관리하는 자리다. 직원이 500명이 넘고 연간예산이 1400억 원이니 작은 조직이 아니다. 그렇지만 지금 자리가 이 사람에게 잘 맞는 옷 같지는 않다. 옷의 크기도 그렇고 그 자리의 역할 역시 그렇다. 자신이 평생 살아오던 길에서 크게 어긋난, 전혀 다른 레일 위를 달리는 기차 위에 올라탄 듯하다. 그걸 모를 리는 없는데 왜 그 길을 택했을까. 역선이 의문이다. 이번에는 생지에 강득피디는 깃일까. 경기기관 평가와 CEO 평가에서 2년 연속 'A'를 받아서 전직원들에게 매년 성과급을 안겨줬다. 24년 재단 역사상 처음으로 2년 연속 'A'를 받은 진기록이다. 생각보다 CEO로서의 숨은 재능이 있는 것은 아닌가, 요즘 뿌듯해 하고 있단다.

─── 남은 인생 명리학이라는 나침반과 함께

당초 약속한 인터뷰 시간은 4시간이었지만 4시간이 5시간으로, 5시간이 6시간으로 늘어났다. 인터뷰 중간에 10분씩 두 번 휴식시간을 가졌다. 휴식시간이 되면 밖으로 나가 급하게 담배를 연거푸 피웠다. 긴급 수혈이라도 받는 듯한 모습이었다. 몸 안에 언제 터질지 모르는 시한폭탄을 안고 있는 사람에게 담배가 해로운 것은 말할 필요가 없는 것일 텐데, 니코틴에 중독된 사람에게 니코틴은 위안이자 구급약처럼 보였다.

우리 나이 예순, 앞으로 갈 길이 많이 남았다. 이 사람이 남은 인생을 안온하고 평탄하게 살 거 같지는 않다. 지난 시간 그랬던 것처럼 끊임없이 도전하고, 사고치고, 그러는 가운데 뭔가를 이루어 내면서 살 것이다. 이 사람의 도전에 명리학이라는 나침반이 함께하는 게 이전과 달라진 점일 뿐, 도전하는 자세 그 자체가 달라질 일은 없을 것이다.

전국~~~
국민 의전서열 1위

"내 생애 봄날은 바로 지금"

지극히 ~~평범한~~ 인생에서지만 그의 ~~화려~~ 노 일 이 민이나. 〈전
국노래자랑〉 진행을 맡을 때가 그의 나이 환갑 지난 예순한 살이었
다. 그 때까지도 경제적으로 안정되지 못해 그의 부인은 구리시에
서 식당을 했고, 그는 그 식당에서 서빙을 했다.

일등과는 거리가 멀었다. 코미디 프로그램이 전성기를 누리던
70년대, 그는 A급 코미디언은 아니었다. 국민 코미디 프로그램 〈웃
으면 복이 와요〉에서 배삼룡, 구봉서, 이기동에 비하면 그의 존재감
은 미미했다. 그는 "그 자리에 끼었다는 것만으로 영광이라고 생각
했다"고 회고했다.

80년대는 혜성같이 등장한 이주일의 독무대였고, 코미디언이 아
니라 개그맨이라 불리던 후배들에 치여 텔레비전에 그가 설 자리는
주어지지 않았다. 그는 1970년대 중반부터 〈가로수를 누비며〉라는
라디오 프로그램의 진행을 17년간 맡았다. 코미디 프로그램이 절정
의 인기를 구가하던 시기에 그가 라디오 프로그램에 매달렸던 것은
텔레비전에서 그의 자리 찾기가 쉽지 않았다는 의미이기도 하다.

코미디도 하고 노래도 하고 연기도 했지만 그의 정체성은 그 어느
쪽에도 있지 않았다. 어느 한쪽을 고집할 형편이 못 되었다.

"한 가지만 하면 밥을 못 먹겠다 싶어 노래하고 코미디도 하고 악극도 했어요. 지금은 웃지만 돌이켜보면 눈물 많았던 격동의 세월을 용케도 살아왔어요." (2019년, 『세계일보』 인터뷰에서)

그가 수많은 인터뷰를 했지만 자전과 신세 이야기는 극히 짧다. 생활고와 좌절감으로 자살 시도한 사연을 자기 입으로 말한 적이 한 번도 없다. 이제는 웃으며 엄살 섞어 그런 말을 할 법도 한데 그런 소리를 못 한다. 자의식이 강한 인물이라는 뜻일 게다.

쓰고 맵고 눈물겹던 시절들을 그는 '3년 계획 한 번 못 세우고 살았다'는 말로 대신했다. 방송사 프로그램이란 있다가도 없어지고 없다가도 생기는 것이 밥 먹는 일처럼 벌어지는 것 아닌가. 영원한 비정규직 인생의 설움을 그는 잘 안다. 그의 이 말에서 숱하게 잘렸던 아픔을 느낄 수 있었다. 그가 그랬다. 아무리 잘려도 잘리는 일에는 내성이란 것이 생기지 않는다고.

그의 프로그램에 대한 각별한 애정은 유명하다.

방송 제작진이나 출연진이 조금이라도 녹화에 늦거나 성실하지 않은 자세를 보였다가는 불호령을 각오해야 한다. 때로는 그의 입에서 거친 육두문자가 터져 나오기도 한다. 그의 이런 자세는 어쩌면 프로그램이 잘 되지 않으면 내가 잘릴 수 있다는 경험에서 비롯된 것이 아닐까.

─── 시샘을 부르지 않은 성공

그가 이제 우뚝 서 있다. 그가 은행 광고를 하면 그 은행으로 돈이 몰린다. 그가 광고하는 상품은 매출액이 달라지고 그의 이름을 딴 장학이 생기고 싶이 생겼다. 내 사랑가 손해 마분기이 분은 연다. 그의 사진이 전국 곳곳에 높이 걸려 있다. 입원을 해도 뉴스, 퇴원을 해도 뉴스가 된다. 어쩌다 〈전국노래자랑〉 녹화를 하지 않으면 그게 곧 뉴스가 된다.

한 유명 감독이 그의 영화를 찍는 중이고, 어떤 방송사는 그의 일대기 다큐멘터리를 찍고 있다. 그가 나오면 시청률 곡선이 달라진다. 인터뷰와 방송 섭외 1순위다. 그의 얼굴 한번 보려고 그의 사무실 주변을 위성처럼 떠도는 사람이 필자만은 아니었다.

그의 인생은 아직 정점을 찍지 않았고 그가 추락할 일은 없을 것이다. 하루하루가 기록의 경신이다. 최고령 사회자, 최다 진행, 최고 시청률 등등. 건강, 장수, 행복, 명예, 대중의 사랑. 돈도 남부럽지 않게 벌었을 것이다. 1927년생이니 우리 나이로 아흔다섯, 이용수 할머니보다 두 살이 더 많다. 아직도 정정하다. 정정하다는 말도 정확한 표현이 아닐 수 있겠다. 그의 트레이드 마크인 "전국~~~ 노래자랑!"을 외칠 때는 청년이다.

1등과는 거리가 멀었던 그가 언제부터 선두가 되었을까. 그의 인터뷰가 언론에 등장하기 시작하는 것이 2010년대부터다. 그의 나이 여든이 넘어서고 최고령 방송진행자의 위상이 공고해지던 시기였다. 그의 전성기의 시작이었다.

송해보다 더 사랑받은 사람이 없었던 것은 아니다. 그보다 훨씬 열광적인 환호를 받았던 사람을 찾자면 못 찾을 것도 없고, 그보다 훨씬 높은 자리에서 빛났던 이름들도 우리는 안다. 돈으로나 명예로나 그를 앞설 사람도 적지 않을 것이다

그의 성취가 대단한 것은 누구도 그의 성공을 시샘하지 않는다는 데 있다. 장수와 건강과 일과 명예를 양손에 거머쥐고 있으면 누군가는 입 삐죽이고 눈 흘길 법도 하지만 그런 사람이 별로 없다. 그의 성공이 남을 압도하지 않고 다른 사람의 질투와 시샘을 부르지 않는다. 이제 그에게는 경쟁자가 없다. 오직 자신이 경쟁자일 뿐이다. 많은 사람들이 그의 독주가 계속되기를 원한다. 이런 인물이 과연 우리 현대사에 있었던가. 연예계만이 아니고 모든 분야에 걸쳐 말이다.

——— 누구나 공평하게 자기 무대의 주인공이 되어야

〈전국노래자랑〉은 주로 토요일 녹화를 하는데 그는 하루 전날이면 어김없이 제작진들과 같은 버스를 타고 지방으로 내려간다. 아흔이 훌쩍 넘은 노인이 길게는 서너 시간이 걸리는 길을 매주 나선다는 게 쉬운 일이 아니다. 녹화 지역에 오면 마치 정해진 일과인 양 재래시장을 한 바퀴 돌고 목욕탕에 가서 요란스레 냉탕과 온탕을 오간다. 아무리 제작진이나 현지 관계자들이 신경을 쓴다고

2014년 대한민국 대중문화예술상 은관문화훈장 수여

해도 객지의 잠자리가 집보다 편할 리는 없다. 그런데 그는 그 일을 성직(聖職)인 양 매주 해낸다. 32년 동안 그렇게 해왔다. 전국을 몇 번 돌았는지 이제 헤아리기조차 어렵다.

그가 〈전국노래자랑〉 무대에 오른 것이 대충 줄잡아도 1500회가 넘는다. 그럼에도 그는 무대에 오르기 전 긴장한다. 이 프로그램의 소년술은 우황청심환과 기침약 판피린을 챙기는 것이 주 임무라고 한다. 녹화 1시간 전 우황청심환을 마신다. 긴장을 푸는 그만의 오랜 방법이다. 긴장하면 잔기침을 하는데 잔기침을 멈추기 위해 판피린을 복용하기도 한다.

"관객이 일 명이 됐든 일만 명이 됐든 관객 앞에 선다는 것은 두렵고 무서운 일입니다. 많은 사람이 지켜보고 평가하는 세상에서 뒤처지지 않으려고 죽을힘을 다해 쫓아왔어요." (2018년, EBS 〈초대석〉에서)

이런저런 상을 많이 받은 그가 유독 자랑스러워하는 상이 있다. 2004년 'KBS 바른 언어상'이 바로 그 상이다. 그는 2016년 국회방송 출연 인터뷰에서 방송 진행자의 조건으로 표준어 사용과 정확한 발음을 들었다. 그의 방송 진행을 유심히 들어보면 그가 존대어 사용은 말할 것도 없고 발음의 고저장단까지도 지키려고 애쓰고 있다는 것을 알 수 있다.

그는 지금도 한 달에 두세 번 치과에 간다. 치아가 건강해야 맛있는 것 마음껏 먹을 수 있기 때문이기도 하지만 치아가 건강하지 않으면 발음을 정확하게 할 수 없기 때문이란다. 그의 성공은 이런 노력의 결과물이다.

〈전국노래자랑〉 작가는 29년째 이 프로그램을 맡고 있다. 담당 피디는 입사 이후 3번째 이 프로그램을 맡고 있는 베테랑이다. 그렇지만 이 쇼는 그래도 여전히 송해의, 송해를 위한, 송해에 의한 프로그램이다. 그는 프로그램 진행은 물론 악단의 위치와 출연자 선정에 이르기까지 일일이 확인하고 챙긴다. 제작진 입장에서 보면 시어머니도 이런 시어머니가 없을 것이다. 그의 말대로 이 프로그램을 거쳐간 수십 명의 피디들 가운데 그와 싸우지 않은 사람은 단 한 명도 없는데 갈등의 시작은 프로그램을 장악하고, 지배하고, 통제하려는 그의 욕망에서 비롯되었을 것이다.

남녀노소, 국경과 민족을 넘어서 그는 모든 사람의 오빠, 형이 된다. 여덟 살 아이가 구순이 넘은 그를 형이라고 부르기도 한다. 기꺼이 모든 사람들의 놀림감이 되고 밥이 되기를 자청한다. 모든 사람이 공평하게 누구나 자유롭게 자기 무대의 주인공이 되어야 한다는 것은 그가 절대 양보할 수 없는 원칙이다. 그런 그를 보면서 사람들은 즐거워하고 그는 행복해한다. 그의 이런 모습을 매주 일요일 낮 100만 명이 넘는 사람이 32년째 지켜본다.

그가 진행하는 프로그램을 보다가 다소 불편하거나 민망할 때가 있다. 예를 들면 스타킹 같은 것을 그에게 뒤집어씌우거나 지방 특산물이라며 뭘 입히고 그에게 머이느 모습 같은 거 말이다. 그런데도 그는 그것을 즐긴다. 어떤 때는 견뎌내는 것처럼 보인다. 웃으면서 말이다.

그는 이것을 이렇게 설명한다. 그렇게 하는 사람은 무대에서 어떻게 한번 웃겨보려고 몇 날 며칠 고민해서 하는 일 아니겠느냐고, 그런데 내가 그것을 받아주지 않으면 그 사람이 얼마나 무안하고 민망하겠느냐고,

그 말은 화려한 무대의 한 귀퉁이에 외롭게 서 있던 자신의 경험에서 우러나온 말일 것이다. 어느 인터뷰에서 그는 이런 말을 했다. 어느 유명 코미디언과 콤비로 활약할 때 상대방이 자기 말을 제대로 받아주지 않고 자신만이 돋보이려고 할 때 힘들었다고.

그가 진행을 맡은 프로그램에서는 특별석이란 것이 없다. 언젠가 군청 관계자가 군수님과 지역구 의원을 위한 특별석을 마련한 것을 보고 그가 노발대발했다. 군수면 군수고 국회의원이면 국회의원이지 다 똑같은 사람인데 왜 그 사람들만 특별한 자리에 앉아야 되느냐는 것이 그의 논리였다. 그가 특별히 호감을 갖고 있다는 한 정치인이 있다. 그 정치인을 좋아하는 이유는 오직 하나였다. 지역구 행사에서 그가 특별석을 요구하지 않았다는 것이다.

악극단 시절 그는 모든 역할을 다 소화해야 했다. 춤추고 노래를 불러야 했고 연기로 사람을 울리고 웃겨야 했다. 극과 극 사이를 메꾸면서 사회도 봐야 했다. 이런 과정을 통해 지금 진행하는 프로그램 진행자로 필요한 모든 기본을 익힌 것이다.

그가 꼭 기교만을 배운 것은 아니다. 악극단 생활 이후 온갖 인간 군상들을 상대해야 했다. 그런 생활이란 속고 속이는 게 다반사였

다. 짐꾼 같은 허드렛일은 기본이었을 테고, 가끔은 싸움꾼의 역할도 맡아야 했다. 그런 생활을 통해 만능 예능인으로 갖추어야 할 기교와 재주를 익힌 것은 물론 세상의 선과 악, 밝음과 어둠 양쪽에 익숙해지고 단련되었다.

2014년 세월호 여파로 〈전국노래자랑〉이 두 달 이상 결방된 적이 있다. 방송 횟수에 따라 돈을 받는 계약직 직원들의 보수가 문제가 됐다. 당장 이들에게는 생계가 걸린 문제였지만 해결이 쉽지 않았다. 이때 송해가 나섰다. 이 문제를 두고 KBS 사장과 담판을 벌인 것이다. 꼭 송해가 나서 이 문제가 해결되었다고 할 수는 없겠지만 분명한 것은 그가 남의 어려운 사정을 나 몰라라 하지 않았다는 점이다. 타인에 대한, 특히 어려운 사람에 대한 배려 역시 그의 성공 비결 중 하나일 것이다.

─── 살아남아 승자가 된 사람

그는 살아남아 승자가 되었다. 그의 나이 91세가 되던 해인 2018년 EBS 〈초대석〉에 출연한 송해가 쫓기는 1등보다 쫓는 2등 입장이 좋다고, 그리고 나는 이겼다라고 말한 적이 있다. 그가 이겼다라고 말한 것은 딴따라라고 불리며 비하당했던 세상의 편견과의 싸움에서 이겼다는 말이었지만, 그보다 훨씬 앞서 있던 그의 동료들과의 경쟁에서 이겼다는 뜻으로도 들렸다. 그는 경쟁에서 이긴 것이 아니라 살아남아 이긴 사람이 되었다.

수백 곡의 노래 가사를 외우고 무대 위에서 젊은 사람들 입이 쩍 벌어지게 순발력을 보이고 과거에 대한 기억도 선명하다. 방송 진행용 메모인 큐카드도 사용하지 않지만 진행 순서, 출연자 이름, 곡명 등을 완전히 파악한다. 대단한 기억력인데 그래도 천재 같지는 않다.

번뜩이는 재기도 그의 몫은 아닌 거 같다. 그와 동시대를 살았던 배삼룡과 서영춘 같은 스타들과 비교해도 그렇고, 그보다 조금 늦게 나왔지만 코미디계 황제로 군림했던 이주일에 비해서도 그렇다. 어떤 때는 학자 같기도 하고 어찌 보면 정년 퇴임한 교장선생님 같기도 하다. 실제로 3호선 종로 3가역 입구에 있는 그의 흉상을 보면 그는 연예인 같지 않다.

그의 평전 『나는 딴따라다』를 쓴 오민석은 송해의 2014년 이후 모습을 가장 많이 그리고 지속적으로 관찰한 인물이라고 할 수 있는데, 송해를 '근엄한 사람'이라고 표현했다. 사석에서는 권위적이고 남이 쉽게 범접할 수 없는 아우라가 넘친다고도 표현했다.

그의 주변 사람들에게 송해는 어떤 사람인지 물었다. 너무 높아 모시기 어려운 어른, 존경 그 자체, 살아 있는 전설, 이런 답변이 돌아왔다. 어떤 사람은 보이는 것이 전부가 아니라는 말도 했다. 대중에게 보이지 않는 면이 있는 것이야 당연한 것일 텐데 보이지 않는 모습이 보이는 모습과 얼마나 다른지 궁금하기는 했다. 오민석이 본 근엄함, 권위적인 모습을 말하는 것일까? 아니면 남성 서사로 가득 찬 그의 인생의 이면을 말하는 것일까?

───── 나이듦에도 '희망'을 볼 수 있다면

연예인은 천 개의 얼굴과 천 개의 심장을 갖춘 사람들일 것이다. 그런 것이 연예인의 자질·재능이라고 불리는 요소일 테니 더 많은 얼굴과 더 많은 심장을 가졌다는 것이 연예인으로서는 장점이지 단점일 수는 없겠다. 송해도 상황과 처지에 따라 다른 얼굴을 내보이며 100년 가까운 삶을 살아왔을 것이다.

국회 청문회에서 공직자 후보를 검증하듯 송해의 전 인생에 돋보기를 들이댄다면 지적할 일이 없잖을 것이다. 인터넷에는 그의 흑역사라고 할 만한 자료와 영상이 아직도 떠돌아다닌다.

식민지 시대에 태어나 분단과 전쟁을 거치면서 그는 줄곧 의지할 곳 없는 이북 출신 피란민이었다. 빈곤과 억압의 긴 시간을 많은 사람들이 우습게 여기던 '딴따라'로 살았다. 그가 살아온 시대와 역사가 온통 상처투성인데 그의 삶이 온전하고 따뜻할 수 있었을까. 그는 그 시절을 이렇게 표현했다.

> "좌절감으로 술로 날밤을 새우며 타락도 했어요. 그래도 삶의 끈을 놓을 수 없어 이를 악물고 살았어요." (2019년, 『세계일보』 인터뷰에서)

그가 말한 '좌절감'의 이유와 '타락'의 내용과 삶의 끈을 놓고 싶었던 순간순간을 그에게 꼬치꼬치 묻고 추적하고 검증한다면, 그것만으로도 한 편의 한국 현대사가 될 것인데, 그 욕심은 접어두기로 했

다. 그는 지금의 모습만으로도 충분하다고 믿기 때문이다.

그의 방송을 보다가 마음이 숙연해질 때가 있다. 그가 노구를 이끌고 봉사를 하고 있는 것처럼 보이기 때문이다. 그를 보면서 위로를 받는 사람이 한두 명이 아니다. 2000원짜리 국밥, 4000원짜리 백반을 먹고 5000원짜리 이발을 하는 그를 보면서 희망을 보는 것이다.

나이와 인격이 비례관계가 아니라는 것은 주위를 조금만 둘러봐도 쉽게 알 수 있다. 나이에 비례해서 불혹(不惑)하고 지천명(知天命)하고 이순(耳順)하는 것은 공자님 같은 분이나 이를 수 있는 경지다. 나이 들수록 잘 삐치고 욕심은 사나워지고 자기 분수 모른다. 젊음이 자랑이 아니듯 나이 든 것이 위세 부릴 일은 아닐 것인데 나이 많은 것을 무기인 양 내세우는 이들이 없지 않다.

그런데 나이 들면 넉넉해지고 여유로워지고 지혜로워질 수 있다는 것을 송해는 몸으로 보여준다. 인간은 혹독한 시간의 강을 건너면서 상처 받고 일그러지고 날카로워지기 십상이지만 저렇게 둥글고 넉넉해질 수도 있다는 희망을 아흔다섯 살 청년에게서 보는 것이다. 40~50대 중장년 시절 그의 사진을 보면 표정은 어둡고 우울하다. 삶의 그늘이 짙고 밝은 기운을 느끼기 어렵다. 그 때와 비교하면 지금의 송해 얼굴은 넉넉하고 훤하다. 사람이 나이 들어 이렇게 변할 수 있다는 것을 그의 얼굴은 보여준다.

그는 자신이 특별하지 않은 사람이란 것을 잘 안다. 특별한 사람들도 알고 보면 뭐 그리 특별한 거 없다는 것을 그는 경험에서 잘 안다. 그는 특별하게 굴지도 않고—대중목욕탕 가고, 대중교통 이용하고 대중식당 애용하는 것—특별한 대우도 요구하지 않는다. 마찬가지로 그가 특별하게 대우하려는 사람들도 없는 듯하다. 그의 눈에는 그의 프로그램을 빛내주는 출연자들과 관객들만이 특별할 뿐이다.

 이걸서열이란 건이 있다. 행사를 치를 때 우선적으로, 대우하는 인물의 순서 같은 것이다. 법에 따른 의전서열 1위는 대통령이지만, 우리 국민들이 마음으로 정하는 의전서열이 있다면 송해가 1위가 아닐까. 그가 국민 의전서열 1위가 된다면 그를 오빠, 형이라고 부르는 사람들 속에 파묻혀 그의 둥근 몸이 잘 보이지 않을지도 모르지만 왠지 그는 굳이 그런 자리를 고집할 것만 같다.

덧붙임 │ 이 글은 송해 평전 『나는 딴따라다』 저자인 단국대 오민석 교수의 도움을 많이 받았다. 취재는 물론 귀한 사진까지 제공해준 오민석 교수께 감사드린다.

현택환 | 서울대 석좌 교수

넘치지만 지나치지 않는
성실과 자신감

난쟁이 세계에서 일군
거인의 삶

아무기 듣이드 구여김 에 사겸에 미구과 비뭇지 인지 대0을 이해하기는 어려웠지만 이 사람 태도를 보면 과학 분야 노벨상에 가장 근접한 사람이라는 말이 지나친 말이 아니었다. 노벨상은 개인에게 주어지는 상이지만 국가 대항전이기도 하다. 국가대항전인 노벨상에서 이 사람은 국가대표 선수다. 몇 줄로는 요약이 되지 않는 학문적 업적과 다양한 수상 실적도 실적이지만, 무엇보다 이 사람 태도가 한 분야에서 정상의 자리에 서 있는 사람이라는 것을 웅변하고 있었다.

노벨상에 가장 근접한 서울대 석좌교수라고 하면 그려지는 그림이 있다. 당연히 머리 좋은 천재일 테고, 거기에 어울리는 전설 같은 일화가 있을 것이다. 예를 들면 수석을 놓친 적이 없고 유학을 가서도 콧대 높은 외국인들에게 조금도 꿀리지 않았다는 이야기 같은 거 말이다. 세계 톱 수준의 학문적 업적을 쌓았다는 이야기가 나올 테고, 『사이언스』나 『네이처』 같은 이름은 들었지만 실제로 보거나 읽은 적은 한번도 없는 학술지가 거론될 것이다. 여기까지는 99% 예측 가능한 시나리오다. 다소 뻔한 이런 이야기 말고 다른 이야기 보따리를 풀어놓을 것 같은 예감을 가지고, 시난 3월 11일 현백환 서울대 화학과 교수연구실을 찾았다.

경북 달성군 하빈면의 연주 현씨 집성촌에서 태어났다. 고졸 학력의 아버지는 새마을운동 지도자로 일하던 나름 동네 유지였지만 농사를 짓는 집안 형편은 그리 넉넉하지 않았다. 집에서 면 소재지에 있는 초등학교까지는 십리 길이었다. 초등학교 5학년 때 군내 과학경진대회에 나가 은메달을 받은 것을 계기로 과학자가 되겠다는 생각을 했고, 똑똑한 아들 이런 촌구석에 두면 아까운 재주 썩힐 것이라는 부모님의 결단에 따라 초등학교 5학년을 마치고 대구로 유학을 갔다. 그때부터 길고 긴 유학생활이 시작됐다. 고등학교를 수석으로 졸업하고 서울대 화학과를 우수한 성적으로 합격했다. 대학교 2학년 때 그 머리 좋다는 서울대 물리학과와 화학과 학생들 태반이 빵점을 맞고 평균점수가 30점이 될까 말까 한 '응용수학' 시험에서 거푸 100점을 맞았다는 '전설'을 남겼다. 서울대에서 석·박사 과정을 마치고 국비 장학생으로 선발되어 1991년 미국 일리노이 주립대로 유학을 갔다.

미국 유학 6년간은 힘든 시절이었다. 국비 장학생으로 뽑혀 유학을 왔는데 3년 내내 별 성과가 없었다. '내가 박사 학위를 받을 수 있을까, 학위를 받더라도 대학교수 자리는 고사하고 중소기업 같은 데라도 자리를 잡을 수 있을까' 걱정했다. 한 집안의 가장이자 막 태어난 아이의 아버지로서 불투명한 장래, 본인의 능력에 대한 회의로 괴롭고 힘들었다. 연간 3000만 원 정도였던 장학금 지원이 3년 만에 끊겼는데 연구 성과는 잘 나오지 않고, 아내 배는 불러오고, 미래는 불투명하고, 자존심은 망가질 대로 망가졌다.

얼마나 힘들었으면 시멘트 바닥에 머리를 처박고 싶었을까, 그것도 매일매일 말이다. 이 사람은 시련의 원인과 내용보다는 그 시련을 이떻게 극복했느지글 너 밀자고 싶어 했나. 내하 노서관에서 다양한 논문을 읽고 아이디어를 메모하면서 어려운 시간을 보냈다. 그 시절 자신이 쓴 아이디어 노트를 보여주며 이게 자신의 보물상자라고 했다. 이런 경험 때문인지 제자들에게 실패를 두려워하지 말라고 했다. 아니, 실패하기를 권유했다. 다만 실패를 겪었을 때 거기에 멈춰서는 안 된다는 것이다.

"실패했을 때 거기서 주저앉으면 너는 끝나는 거고 왜 실패할 수밖에 없었는지 분석하면 학문적으로는 물론이고 인간적으로 많은 것을 얻을 수 있다고 제자들에게 말해줍니다. 이런 이야기 하면 속으로 찔리는 사람들이 제 욕을 할지도 모르지만 하버드나 칼텍, 엠아이티(MIT) 같은 유명 대학에서 지도교수의 명성에 편승해서 쉽게 학위 받고 좋은 대학의 교수가 된 사람들 가운데 실패한 경우를 많이 봤습니다."

박사 4년차에야 처음으로 권위를 인정받는 미국화학회지에 초음파 관딘 논문을 실었고, 박사 학위를 받던 해에 누번째로 같은 저널에 논문을 게재했다. 초음파 연구에 관한 연구 업적을 평가 받아

1997년 모교인 서울대 교수로 부임했지만 연구 분야를 나노 분야로 바꿨다. 서울대 교수가 된 지 4년 만에 나노 과학 분야에서 한 획을 긋는 '대박 논문'을 쓰면서 과학자로서 꽃길을 걷는다. '젊은 과학자상'을 받으면서 시작된 국내 과학상 섭렵은 2008년 포스코 청암과학상, 2012년 호암상, 2016년에는 대한민국 최고과학기술인상 수상으로 이어졌다. 국내에서 받을 수 있는 상은 모두 받았다. 지금은 서울대 석좌교수로 박사급 연구자 29명을 포함한 127명의 연구원이 있는 기초과학연구원(IBS) 나노입자연구단장을 맡고 있다.

―――― **노벨상 후보 명단에 올라**

이 사람의 명성은 국내보다 해외에서 더 높다. 세계적인 권위를 자랑하는 미국화학회지(JACS) 부편집장으로 10년 넘게 일했다. 한국인이 이 학술지의 편집진이 된 것은 이 사람이 처음이다. 사실 이 잡지 이름은 다소 낯설다. 부편집장 역할을 하면서 1년에 받은 급여가 수천만 원이라는 사실이 이 저널의 위상과 권위를 짐작하게 해준다.

"제가 해외에 나가 누구를 처음 만나면 'I am a JACS editor'라고 말하면 그걸로 끝이요. 제가 누군지 더 이상 설명할 필요가 없어요. 서울대 교수다, 아이비에스 단장이다 뭐 이런 거 다 필요가 없어요."

지난해 말 글로벌 정보서비스 기업인 '클래리베이트 애널리틱스'
가 뽑은 노벨상 수상 후보 명단에 올랐다. 각 분야별로 네 명에서 일
곱 명을 지명하는데 여기에 후보로 거명되는 사람은 노벨상에 가장
근접한 것으로 공인 받는다. 지금까지 한국인으로 여기에 지명된
사람은 현택환을 포함해 세 명뿐이다.

"이건 아무나 들어가는 게 아니거든요. 화학상 분야는 일년에 여섯
명 정도밖에 선정을 안 합니다. 제이에이씨에스(JACS) 편집장 타
이틀보다 이게 더 권위가 있다고 봐야지요."

이 사람의 대표적인 논문을 인용한 횟수는 3000이 훌쩍 넘는데
노벨상 수상자들의 논문 인용 건수가 대략 1500회 정도다. 논문 피
인용 건수로만 보면 노벨상을 받고도 남는다는 뜻이다. 이 사람이
노벨상에 근접해 있다는 것은 반가운 소식인 것은 맞지만 우리 사
회가 노벨상에 너무 매달리는 것은 아닌가 하는 생각도 있었다.

우리 사회에 일종의 노벨상 콤플렉스가 있다고 생각하지 않으십니까.
"당연히 노벨상 콤플렉스 있지요. 모든 한국인들이 그렇고 과학자
들은 더더욱 그렇지요. 우리의 소원 가운데는 통일도 있지만 노벨
상도 우리의 소원이지요."

이 사람을 말할 때 빠지지 않는 게 『사이언스』 『네이처』 같은 과학

전문 학술지들이다. 세계 최고 권위의 학술지라는 것은 알겠는데 도대체 여기에 논문 한 편 싣는 것이 얼마나 어려운 일인지 짐작하기 쉽지 않다. 2005년 당시 서울대 황우석 교수가 『사이언스』에 실은 논문이 조작되었다고 해서 나라가 뒤집어진 듯 혼란을 겪은 기억이 아직도 생생하지만, 사실 이 학술지에 대해 제대로 아는 사람은 많지 않다. 수의학 박사인 SBS 한세현 기자의 설명이 이 부분과 관련해서는 이해하기 쉽다.

"제가 쓴 논문 중에 가장 평가를 잘 받은 논문 평점이 5점대인데 『네이처』에 실리려면 평점이 40점 이상이 되어야 합니다. 얼핏 생각하면 여덟 배쯤 어렵겠다 싶지만, 그게 아니고 2의 8승 배 어렵다고 보시면 됩니다. 그런데 거기에서 표지 논문이 된다는 것은 말 다한 겁니다. 그거는 상상하기 어려운 수준이죠…. 『사이언스』나 『네이처』에 논문이 실린다면 웬만한 대학의 교수 자리를 보장 받는 것이라고 할 수 있습니다."

지난해 『네이처』 표지 논문을 포함해 3편의 논문을 이 학술지에 실었고, 공저자로 『사이언스』 표지 논문을 장식했다. 일반인은 짐작하기도 아득한 학문적 성취라는데, 이 사람은 지난해는 자신에게 '기적의 해'라고 표현했다.

세계적 석학들의 이름을 동네 친구 이름 부르듯 편하게 불렀다. 내 전공 분야에서는 내가 주인공이라는 자신감을 숨기지 않았다.

자신감이 넘치니 남의 공적을 인정하는 데 인색하지 않았다. 나노 입자 분야에서 노벨상이 나온다면 이론 분야에서 선행연구를 한 사람들이 먼저 상을 받아야 하고, 그 뒤에 기회가 있다면 자신도 받을 수 있다고 했다. 자신의 학계 위상이 어느 정도인지, 어떤 맥락에서 자신의 성과가 평가 받을 만한 것인지 수치를 들어가며 설명하는데 과장도 없고 겸손도 없다.

"제 연구팀에 오려는 학생들에게 한 시간 정도 우리 연구팀이 어떤 연구를 하고 어떤 성과를 거두었는지 설명을 합니다. '우리 연구팀은 세계적인 수준이 아니다. 우리가 세계 최고다'라고 말을 합니다. 지난해 경우 나노 분야만이 아니고 과학, 의학, 공학, 기술 모든 분야를 통틀어 우리 팀이 세계에서 넘버원일 거예요. 그 어떤 팀도 우리 연구팀을 따라올 수 없다고 자신합니다."

자신감이 넘치는데 그 자신감이 지나치지 않았고, 자기 자랑처럼 들리는 말이 적지 않았지만 듣기에 거북하지 않았다. 다만 말끔하고 유쾌하고 명석하고 열정이 넘치는 이 사람의 어느 부분에 대해 경의를 표해야 할지 다소 난감했다. 이 사람의 학문적 성취가 대단한 것은 알겠는데 그 성취가 눈으로 보이지도, 손으로 만져지지도, 머릿속으로 그려지지도 않기 때문이다. 이 사람의 대표적인 연구 성과는 머리카락 두께의 5만 분의 1에 불과한 작은 나노 입자를 균일하게 대량으로 생산할 수 있도록 한 것이다. 이 사람의 친절한

설명에도 불구하고 이 연구로 일반인들이 어떤 혜택을 얻은 것인지 알기 어려웠다.

세계 최고 두뇌들과의 경쟁에서 이 사람이 대단한 성적을 거두었다는 것인데 이 사람이 그들과 싸우는 장면을 본 적도 없고, 이 사람이 참여한 경기가 어떤 경기인지 이해하기가 너무 어려웠다. 이 사람이 지난해 쓴 『네이처』 표지 논문은 불과(?) 6쪽 분량이다. 이 논문을 구해서 몇 줄이라도 읽어보려고 했는데 몇 줄은커녕 단 한 줄도 읽기 어려웠다. 평생 문과생으로 살아온 사람에게 그 언어는 영어가 아니라 외계인의 언어였다. 중요하다는 것은 알겠는데 이해하기 어려운 세상이 있다는 것을 이 사람을 취재하면서 다시 한번 실감했다.

──── 공부는 재미없지만 연구는 재미있다

우리 사회는 늘 영웅에 목말라 있다. 스포츠에서 찾고, 정치에서 찾고, 연예계에서도 영웅을 찾는다. 때로는 영웅을 만들려는 집단적 시도가 벌어지기도 한다. 그랬다가 벌어진 참사가 '황우석 사태'다. 지난해 이후 이 사람에게 관심이 집중되고 이 사람을 영웅으로 만들려는 징후도 없지 않았다. 본인도 그런 기미를 모르지 않는다. 과학자는 오로지 과학으로만 이야기해야 한다는 말이나 택시를 탔을 때 기사가 자신의 얼굴을 알아보면 안 된다는 말도 이 사람이 대중의 관심을 의식하고 있음을 보여준다. 성공으로 가는 길은 화려한 지뢰밭이다. 연구비 유용 같은 돈 문제, 표절 같은 연구윤리 문제 그리고 성추문 같은 것들을 경계한다고 했다. 이 사람 머릿속에는 이순신 장군에 버금가는 국민적 영웅에서 한순간 사기꾼으로 전락한 황우석 박사가 있는 모양이다.

모든 한 번 들으면 잊지 않고, 모든 것이 머릿속에 들어 있고, 필요한 것들은 언제든 끄집어 낼 수 있는 그런 천재는 아니었다. 오히려 다소 어수선해 보이던 이 사람 연구실처럼 이 사람 머릿속은 온갖 아이디어로 가득 차 있는 듯했다. 때로는 미쳐야 한다고 했다. 자신도 가끔 정상이 아니라고 했다.

"과학자에게 가장 큰 성공 요인은 뭐냐. 프리덤, 자유로움이에요. 아무도 못 해본 일을 성공하기 위해서는 일반적인 방법으로는 안 되거든요. 좀 미쳐야 돼요. 제가 생각해도 제가 가끔 정상이 아닐 때가 있거든요. 제 집사람도 자주 그런 이야기를 하는데 남들이 볼 때는 오죽하겠어요."

말이 빨랐고 생각은 그보다 더 빨랐다. 질문을 하면 그 질문을 디딤돌 삼아 몇 단계를 훌쩍 뛰어넘는 답이 나오기 일쑤였다. 예를 들면 연구비 유용 문제에 대한 질문을 하면 과학이 국가의 미래에 중요하다, 이를 위해 벤처기업이 중요한데 기초과학과 응용과학을 나눠서 생각하는 것은 불필요하다, 중요한 것은 인간관계라는 식이다. 머릿속에 생각이 넘쳐나니 다소 두서없는 대답을 한다고 이해

했지만 어느 대목에서 이 사람 말을 끊어야 할지 곤혹스러울 때도 있었다.

본인 표현대로 약간 어벙한 모습이 있었고 엉뚱한 구석이 있었다. 자학형 아재 개그를 구사하면서 상대방의 경계심을 누그러트리는 화술은 몸에 밴 듯했다. 하학을 잔차지 않았더라면 개그맨이 되었을 것이라고 했다. 서울대 석좌교수가 이런 말 쓰면 남들이 뭐라고 할지 모른다고 하면서도 필부들이 쓸 법한 말을 편하게 썼다.

"제가 어벙하고 실없는 소리를 잘하니까 사람들이 저를 만나면 긴장을 덜해요. 제가 해외 학회에 나가서 무대에 오르면 저를 아는 사람들은 벌써 웃기 시작해요. 제가 영어로 말할 때는 굉장히 말이 빨라요. 게다가 실없는 소리를 많이 해요. 청중들 가운데 단 한 명도 조는 사람이 없어야 한다는 게 제 생각이거든요."

어떤 때는 평범한 동네 아저씨 같은 얼굴이었고 어떤 때는 진지한 신앙인의 얼굴을 보여주기도 했다. 눈에 장난기가 느껴질 때가 있는가 하면 재기 넘치는 눈빛이 안경 너머로 번뜩이기도 했다. 얼굴 근육을 모두 동원해 말을 하기도 했는데, 만약 저런 표정으로 화를 낸다면 무섭게 보일 수 있겠다는 생각도 들었다. 공부를 잘한 사람이니 공부가 제일 쉽고 공부가 제일 재미있었다는 망언(?)이 나오지 않을까 했는데 그런 말은 하지 않았다.

"공부하는 게 재미있는 사람이 어디 있습니까. 외우고 하는 거 재미 없죠. 그런데 연구는 정말 재미있어요. 남들이 한 번도 못 해본 것을 하는 거, 남들 놀래켜 주는 거 진짜 너무너무 재밌어요."

공동연구 위해 인간관계 중요

연구자에게 가장 중요한 것은 인간관계라고 했다. 이 말을 한두 번 한 것이 아니라 몇 번을 반복해서 이야기했다. 과학자는 연구실에서 자신만의 연구에 몰두하는 사람이라고 생각했는데 절대 그러면 안 된다고 했다. 혼자서는 의미 있는 연구를 할 수 없기 때문에 공동연구를 해야 되고 공동연구를 하기 위해서는 인간관계가 중요하다는 논리였다. 지난 10년간 자신의 연구는 모두 공동연구였고, 지난해 쓴 『네이처』 표지 논문도 총 23명 연구진이 노력한 결과물이라고 말했다.

"공동연구는 선택이 아니고 필수입니다. 왜냐하면 혼자서는 절대 홈런을 못 쳐요. 모든 분야가 마찬가지겠지만 특히 과학기술 분야는 여러 사람이 머리를 맞대고 연구해야 진정한 감동을 주고 사람들에게 도움을 줄 수 있는 결과를 얻을 수 있어요."

성공적인 공동연구를 위해서는 서로에 대한 신뢰가 있어야 한다면서 소탐대실하면 안 된다고 했다. 거의 모든 인터뷰에서 동료 연구자들과 제자들의 이름을 거명하면서 고마움을 표시한다. 공을 혼자 독차지한다는 말이 나오는 것을 경계했다. 지금껏 수백 번이 넘는 공동연구를 하면서 갈등을 빚은 것은 딱 한 번 있었다고 했다.

30대에 국내 최고 대학의 교수가 되었고 마흔 살이 되기 전에 세계적으로 인정받는 학자의 반열에 올랐으니, 이 사람은 연구자 생활의 대부분을 갑의 위치에서 살아왔을 테고 자신은 좋은 인간관계라고 생각해도 상대방 입장에서는 그렇지 않을 수도 있다. 교수 평가 사이트를 보면 이 사람에 대한 호평이 대부분이지만 '겸손한 척만 하지 마시고 평소에 아랫사람 존중 좀 하세요' 같은 평가도 있다.

존경하는 사람으로 아버지를 꼽았다. 부친은 술은 한 방울도 못마시는 분이었는데 그렇게 친구가 많고 아버지에 대해 나쁜 말을 하는 사람이 없었다고 했다. 세상을 떠난 동네 사람들의 시신을 거두어주는 염습도 마다하지 않을 만큼 동네 궂은 일을 도맡아 했다고 했다. 밝고 사교성 좋은 성품이 아버지에게 물려받은 가장 큰 유산인 듯싶었고, 그 유산이 이 사람을 성공적인 학자로 만든 밑거름이다.

——— 한국 대기업의 연구비 사대주의

관료, 규제, 벤처기업 등이 화제에 오르자 그렇지 않아도 빠른 이 사람 말이 더 빨라졌다. '속에 있는 생각들을 내어놓고 말하라'는 경구를 연구실 벽에 붙여놓고 지내는 사람답게 한번 말문이

터지자 좀처럼 멈출 줄 몰랐다. 이 말만큼은 제대로 해야겠다며 인터뷰 이후 일정까지 취소하며 격정적으로 말을 이어갔다. 일부 연구자들의 연구비 유용 같은 일탈행위를 빌미 삼아 관료들이 연구자들의 창의성을 억누르는 규제들을 만들어낸다고 주장했다.

"돈 준만큼 거기에 대해서 이래라 저래라 하는 거죠. 감 놔라 배 놔라 그러는 거죠. 약간 실수하고 그런 거 가지고 하나하나 규제하기 시작하면 끝이 없어요."

벤처 창업에 대한 정부 규제를 강력히 규탄했다. 벤처기업 20개를 만들어 11개를 나스닥에 상장해 억만장자가 된 밥 랭어 교수 사례를 길게 설명했다.

"그런데 저 같은 경우는 안 되는 거예요. 제가 기초과학연구원(IBS) 소속이니 기초과학만 하라는 겁니다. 만약에 현택환이가 회사 만들어서 대박 났다고 하면 난리 날 겁니다. 기초과학연구원 단장으로 매년 칠십억, 일백억씩 받아서 제 뱃속만 채웠다고 할 겁니다. 당장에 감사를 받을 겁니다. 그걸 겁내서 아이비에스에서도 못하게 하는 겁니다. 국가적으로 엄청난 손실이에요."

대기업에 대한 불만도 적지 않았다. 대기업들이 하버드나 MIT 같은 외국 유명 대학 연구진에게는 국내 연구진에 비해 후한 연구비를 주는 것을 거론하면서 일종의 사대주의라고 비판했다. 대기업 비판은 여기에서 그치지 않았다. 국내 연구진이 개발한 원천기술에 대한 존중이 부족하다는 것이다.

"대기업들은 국내 기술에 대한 평가가 굉장히 인색해요. 『네이처』 『사이언스』에 우리 논문이 나갈 정도로 우리 원천기술이 세계 최고거든요. 그런데 대기업들은 완성된 기술을 원해요. 우리 기업 문화가 소위 말해서 전부 턴-키 베이스예요. 외국에서 기술 가져와서 거기서 시키는 대로 공장 지어서 스위치-온 하면 되는 것에 익숙해 있어요. 원천기술은 그냥 가져가거나 거저 먹으려고 해요."

원천기술은 모를 심는 것과 같은 거라고 했다. 모를 던져둔다고 벼가 되는 게 아니라는 것이다. 거름도 주고 풀도 뽑고 살충제도 뿌려줘야 되는데 대기업은 그럴 생각이 없고 중소기업은 그런 능력이 없으니 결국 자신이 벤처기업을 하겠다는 것이다. 처음에는 완강히 반대하던 기초과학연구원과도 어느 정도 타협이 됐다고 하니, 이 사람이 벤처기업 만들었다는 소리를 들을 날이 멀지 않은 듯하다.

자신이 받은 보상이 업적의 크기에 비해 충분하다고 생각하느냐는 질문에 대해서는 명확한 답을 하지 않았다. 이 사람이 나노 입자 관련 기술을 한화에 이전하고 43억 원을 받은 것이 화제가 된 적이 있나. 실제 자신에게 돌아온 것은 1/3 정도였다고 했다. 대박이라고 말하는 사람도 있었지만 외국에 비하면 푼돈이라는 평가도 있었다.

"제가 아이비에스 단장되었을 때 당시 오세정 원장(현 서울대 총장)에게 그랬어요. '선생님, 저는요 어중간한 거 안 할 겁니다. 아주 기초적인 연구를 하든가 아니면 돈 되는 거 할 겁니다' 그랬어요."

한때 이 땅의 가장 우수한 인재들이 과학자를 꿈꾸었고 현택환 역시 그런 꿈을 안고 살아온 사람이다. 그런 현택환이 보기에 우수한 인재들이 의대로 몰리는 현실은 우려스럽고 실망스러울 것이다. 왜 이런 현상이 벌어지고 있는지 이 사람에게 그 이유를 물었다. 과학자를 존중하지 않는 문화를 이유로 들었다. 중국과학아카데미 회원이 되면 사회적으로는 물론 경제적으로도 부성장(副省長)급 예우를 받고 정초에 시진핑 주석이 제일 먼저 원로 과학자를 찾는다는 중국의 예를 들었다.

"'젊은 과학자상'을 2002년 청와대에서 김대중 대통령에게 직접 받고 차도 한 잔 했는데 이보다 더 권위가 있는 '대한민국 최고과학기술인상'은 2016년 받았습니다. 그때 상을 준 사람이 당시 홍남기 미래창조부 차관이에요. 장관도 아니고 차관에게 상을 받았어요. 과학자에 대한 우리 사회의 인식을 단적으로 보여준 거 아닌가요."

노벨상이란 게 머리 좋은 사람이 죽으라고 연구하면 받을 수 있는 게 아니라 오랜 축적의 시간이 필요하다는 것이다. 우리가 이 정도 수준이 된 것은 '제2의 한강의 기적'이라고 했다. 이 표현 자체는 진

부했지만 진실을 담고 있다. 독일의 막스플랑크연구소는 1911년, 일본의 대표적 연구기관인 이화학연구소가 설립된 것이 1917년이다. 기초과학연구원이 설립된 것이 2012년이니 우리와는 거의 100년의 차이가 있다. 그런 차이에도 불구하고 우리가 이만큼 따라붙은 것은 기적이라는 건인데, 그 안쪽에 자신이 서 있다는 자부심이 느껴졌다.

원래 인터뷰 시간은 세 시간 정도로 약속되어 있었는데 1시에 시작된 인터뷰는 6시가 다 돼서야 끝났다. 세 시간쯤 지나면 묻는 사람도 조금씩 진이 빠지는데 이 사람은 시간이 갈수록 더 할 말이 많아졌고 목소리에서 힘이 빠지지 않았다. 물 한 잔 마시지 않고 자신의 이후 일정까지 취소하면서 열정적으로 말을 이어갔다. 지금도 끊임없이 아이디어가 샘솟아서 올해 메모해둔 아이디어만 100페이지가 넘는다. 어디로 가야 할지 앞으로 무엇을 할지 목표가 확고해 보였다. 지금까지 연구 성과에 머무르지 않고 새로운 세계에 도전하겠다는 것이다. 나노 기술을 활용한 난치병 치료, 수소연료 연구 같은 것이 우선순위에 있었다.

——— 이성에 기반한 과학자이자 이성을 초월한 신앙인

이 사람 전공인 나노기술은 난쟁이라는 뜻의 그리스어 나노스(Nanos)에서 유래된 말이다. 10억분의 1미터 크기를 이르는 말이니 눈에 보이지 않는 세상을 다루는 학문이다. 눈에 보이지 않는 세상을 다루는 사람에게 눈에 보이지 않는 초월적 존재에 대한 생각을 듣고 싶었다. 대학교에 들어온 이후 기독교 신자가 되었다. 이성에 기반한 분야를 공부하는 사람인데 이성을 초월하는 신앙을 갖게 된 이유가 궁금했다.

"저 정도 과학자라면 많은 것을 알 거 같지만 사실은 제 분야를 조금만 벗어나도 모르는 거 투성이입니다. 연구를 하면 할수록 내가 모르는 게 많다는 것을 절감하게 됩니다. 자연이 그렇게 오묘할 수가 없어요. 제 연구도 대부분이 자연을 흉내 낼 뿐인데 그런 오묘한 것들이 수많은 우연에서 생겨났을 가능성은 영 퍼센트예요."

그래서 자신은 전지전능한 창조주를 믿는다는 것이다. 이 사람이 강조하는 겸손도 신앙과 연결되어 있다. 연구실 벽에 붙여놓은 경구 중에는 '교만하거나 자랑하지 않는다'는 내용도 있다.

"왜 저런 것을 적어놓느냐 하면 실제로 교만하기 쉽거든요. 자랑하기 쉽고요. 그래서 저는 선언했어요. 사람들 앞에서 하나만 자랑한다. 내가 기독교인이라는 것만 자랑하고, 나머지는 자랑하지 않는다…. 제가 완전하지 않거든요. 오리가 물 위에서는 우아하게 떠 있지만 밑에서는 발버둥을 치고 있는 것처럼 제 삶이 딱 그 모양이에요."

상식을 벗어나는 언행을 하는 일부 기독교인들에 대해서는 격한 단어들을 들어 비난하면서도 이 종교가 우리 사회에 기여한 공이 제대로 평가받지 못하는 것에 대한 안타까움을 숨기지 않았다.

─── 정상에 서려면 휴식도 게을리하지 않아야

골프를 시작한 지 1년 반쯤 됐다고 했다. 필드에 나간 것이 10여 차례가 되고 연습장도 자주 간다고 했다. 친구 부인이 이 사람이 골프를 시작했다는 말을 듣고서 '택환 씨, 노벨상 물 건너갔네'라고 말했다고 한다. 골프를 한다는 것을 연구에 전념하지 않는다는 뜻으로 받아들인 게 필자만은 아니었던 모양이다.

다섯 시간에 가까운 인터뷰를 마치고 엘리베이터에 같이 탔을 때 이런 말이 오갔다.

아침에는 연구실에 몇 시에 나오십니까?
"요즘에는 코로나 때문에 다소 불규칙한데 코로나 전에는 아침 아홉 시에 나와서 밤 열 시에 퇴근했습니다."

그럼 식사는 어떻게 하십니까?
"특별한 약속 없으면 샌드위치로 연구실에서 해결합니다."

하루에 연구하는 시간이 얼마나 됩니까?
"교수나 아이비에스 연구단장으로 처리해야 하는 행정적인 업무

빼고 순수하게 연구에만 하루에 일곱 시간 이상 할애합니다."

　매일 7시간 이상 연구를 한다는 말을 듣고서야 퍼즐이 풀리는 느낌이었다. 이 사람의 서울대 연구실 벽면에 붙어 있는 경구 가운데는 이런 내용도 있었다.

　'정신적 휴식과 육체적 휴식과 운동을 게을리하지 않는다.'

　연구를 게을리하지 않는다가 아니라 쉬는 것을 게을리하지 않는다! 쉬지 않는 것이 자신의 문제라고 생각한다는 뜻이다. 당신이 전 세계의 수많은 천재들을 앞서는 이유가 뭐냐는 질문에 이 사람은 '꾸준한 성실'이라는 답을 내놓았다. 너무 밋밋한 답변이라 처음 들었을 때는 귀에 들어오지 않았는데 매일 7시간씩 끊임없이 읽고 쓰는 것에 몰입한다는 이야기를 듣고 나서야 이 사람이 말하는 '꾸준한 성실'이라는 표현이 이해가 됐다. 몇십 년을 이렇게 살아온 것이고 그 결과가 오늘의 현택환이다. 이런 사람에게는 테니스가 됐든 골프가 됐든 운동이 휴식이다. 세계 최정상에 서기 위해서는 그 휴식을 게을리해서는 안 되는 것이다.

　지난해 10월 노벨 화학상 수상자가 발표되던 날, 학생들에게 BTS의 〈Not today〉 동영상을 틀어줬다. 자신이 이번에 수상할 가능성이 없다는 것을 그렇게 표현한 것이다. 이 사람 이야기를 길게 듣고 보니 'Not today, but someday'(오늘은 아니지만 언젠가는)이라는 게 이 사람이 정말 하고 싶은 말이었던 듯싶다.

어떤 어른

그 사람, 성찰하는 꼰대

2021년 10월 29일 초판 1쇄

지은이	윤춘호
펴낸이	장의덕
펴낸곳	도서출판 개마고원
등록	1989년 9월 4일 제2-877호
주소	강원도 원주시 로아노크로 15, 105동 604호 (우 26382)
전화	033-747-1012
팩스	0303-3445-1044
이메일	webmaster@kaema.co.kr
홈페이지	www.kaema.co.kr

ISBN 978-89-5769-493-0 03300